MODE | SPORT | GENUSS

Eine der besten Adressen in der Metropolregion Rhein-Neckar für exklusive Mode, hochwertige Accessoires, Sportbekleidung und -equipment sowie Gastronomie.

O5
68161 MANNHEIM

0621 167-0100
ENGELHORN.COM

NICHT VERPASSEN!

❶ Schloss Mannheim [C6]
Deutschlands größtes Schloss präsentiert im
Museum und den rekonstruierten Prunksälen der Kurfürsten höfisches Leben. Barocke Opulenz zeigt auch
die sehenswerte Schlosskirche (s. S. 14).

❸ Jesuitenkirche [C5]
Eine der schönsten Barockkirchen Südwestdeutsch-
lands gibt Einblick in eine Epoche, die viel Wert aufs
Äußere legte. Ein Gotteshaus zum Sattsehen unweit
des Schlosses (s. S. 21).

❺ Reiss-Engelhorn-Museen [C5]
Vielfältig zeigt sich die Museumslandschaft der Reiss-
Engelhorn-Museen, deren Sonderausstellungen
hohes Ansehen genießen (s. S. 24).

❿❷ Wasserturm [F6]
Der Wasserturm ist das Wahrzeichen der Stadt.
Zusammen mit den umliegenden Parkanlagen und
Bauten prägt er Mannheims Innenstadt (s. S. 35).

❿❹ Kunsthalle [E6]
Vorwiegend moderne Kunst ist in der Kunsthalle zu
sehen – Impressionismus, Jugendstil, Pop-Art und
mehr. Aber nicht nur die Ausstellung, sondern auch
das Gebäude an sich ist sehenswert (s. S. 37).

⓴ Luisenpark [J7]
Freizeitoase und Naturparadies zugleich ist der
Luisenpark mit seinen Gärten, Gewächshäusern und
Tiergehegen, Spielplätzen, Brunnen, Brücken und
einem großen See (s. S. 46).

㉑ TECHNOSEUM [K8]
Von alten Lokomotiven bis zu modernen 3-D-Dru-
ckern – 200 Jahre Technik und Sozialgeschichte
werden hier unter einem Dach vorgestellt. Ein
Museum zum Staunen und Ausprobieren (s. S. 51).

㉓ Jungbusch [C3]
Mannheims multikulturelles Szenequartier ist vor
allem am Wochenende ein Hort geballter Lebensfreude (s. S. 53).

FALTPLAN

» Schreiben Sie uns!

Wir hoffen, dass Ihnen dieser Reiseführer gefällt und er Ihnen ein guter Begleiter auf einer außergewöhnlichen und spannenden Reise ist.

Weil ein Reiseführer von Erfahrungen lebt, sind wir an Ihren Erlebnissen interessiert: Haben Sie im Buch ein Restaurant entdeckt, das es nicht mehr gibt, eine Sehenswürdigkeit, die wir noch nicht aufgeführt haben, oder eine falsche Adresse? Dann schreiben Sie uns!

Wir nehmen jeden Hinweis und jede Kritik ernst und arbeiten kontinuierlich daran, die Bücher aktuell zu halten und immer weiter zu verbessern. Auch wenn wir nicht jeden Wunsch erfüllen können, machen wir uns immer Gedanken über Ihre Anmerkungen.

Schreiben Sie an: info@reise-know-how.de oder Reise Know-How Verlag Peter Rump GmbH, Postfach 140666, 33626 Bielefeld

Wenn sich Ihre Infos direkt auf das Buch beziehen, bitten wir um die Angabe der Seitenzahl und der Auflagennummer bzw. des Erscheinungsjahres. Besonders hilfreiche Beiträge belohnen wir mit einem Sprachführer Ihrer Wahl aus unserer „Kauderwelsch"-Reihe.

Herzlichen Dank und gute Reisen
Ihr Reise Know-How Verlag

Diesem Buch wurde hier ein herausnehmbarer Faltplan beigefügt.
Sollte er beim Erwerb des Buches nicht mehr vorhanden sein, fragen Sie bitte bei Ihrem Buchhändler nach.

Liebe Leserin, lieber Leser,

ein unabhängiger Verlag für unabhängig Reisende – das sind wir, der Reise Know-How Verlag aus Bielefeld, eines der letzten Familienunternehmen in der Branche. Obwohl wir zu den größten Reiseführerverlagen Deutschlands gehören, ist der familiäre Umgang miteinander in allen Bereichen des Verlagslebens zu spüren: In der Geschäftsführung in zweiter Generation, in einer wertschätzenden Arbeitsatmosphäre, in der Nähe zu unseren frei arbeitenden Autorinnen und Autoren, im engen Austausch mit unseren Leserinnen und Lesern – und auch in der Zusammenarbeit mit Druckereien in Deutschland, in denen wir ausschließlich und regional unsere Bücher produzieren. Die sollen schließlich erst mit Ihnen auf große Reise gehen.

Alles, was wir in unsere Bücher und Landkarten stecken, soll Ihnen eines ermöglichen: Auf Ihre ganz eigene, individuelle Weise die Welt zu entdecken. Wir wünschen Ihnen viel Freude und unvergessliche Erlebnisse mit diesem Reiseführer.

Es grüßen herzlich
Peter Rump & Wayan Rump

Zu Besuch bei den Bloomäulern

Mannheim ist immer eine Reise wert. Für einen Wochenendtrip, den man gern auch verlängern kann, ist die Stadt wie geschaffen. Die wichtigsten Sehenswürdigkeiten erobert man schnell auf einem Stadtrundgang (s. S. 12), der leicht zum Tagesausflug werden kann. Langeweile kommt unterwegs nie auf, gibt es doch einiges zu entdecken: vom **kurfürstlichen Schloss** ❶ und der benachbarten **Jesuitenkirche** ❸ über den **Wasserturm** ⓫ und die **Kunsthalle** ⓮ bis zum **Luisenpark** ⓴. In der **Augustaanlage** ⓱ hat man **Carl Benz** ein Denkmal gesetzt, denn er hat in Mannheim das Automobil erfunden. Sein erstes Fahrzeug, in Bronze gegossen, hat man später dazu gestellt – zum Posieren für die Selfie-Generation, die die Stadt längst in ihr Herz geschlossen hat.

Shoppingfreunde müssen aufpassen, nicht gleich vor den kilometerlangen Schaufensterfronten rund um die **Planken** ❼ hängenzubleiben, denn die haben Suchtpotenzial! Besonders ansteckend ist zudem die Lebensfreude zwischen Rhein und Neckar. Zum Beispiel im Szeneviertel **Jungbusch** ㉓, wo sich Mannheim ganz anders anfühlt als in den Shopping-Quadraten. Restaurants, Bars, Bistros und Clubs sind das Markenzeichen des einstigen Hafenviertels, wo auch die **Popakademie** zu Hause ist, Mannheims populärste Musikinstitution und Motor des Party- und Clublebens. Kein Wunder, dass die Stadt inzwischen den Titel „UNESCO City of Music" trägt (s. S. 91).

Ausgehen, Einkaufen und Musik erleben – das sind Mannheims Trumpfkarten. Ausdruck auch seiner multikulturellen Identität, der Besucher auf Schritt und Tritt begegnen, denn die jungen Bloomäuler, wie man die in Mannheim Geborenen wegen ihrer frechen Schnauze gern nennt, sprechen neben Deutsch auch Italienisch, Türkisch, Griechisch ...

Der Autor

Günter Schenk ist Journalist und Autor. Für den REISE KNOW-HOW Verlag hat er zahlreiche internationale Metropolen porträtiert, aber auch deutsche Städte wie Heidelberg, Wiesbaden, Koblenz, Baden-Baden, Karlsruhe oder seine Heimatstadt Mainz unter die touristische Lupe genommen. Als Autor schätzt er die in Mannheim gelebte Vielfalt, weshalb er in seiner Freizeit dort immer wieder gern Station macht, nicht nur zum Theaterbesuch oder zum Shoppen.

Nordstadt
S. 52

㉓ Jungbusch

Reiss-
Engelhorn-
Museen Quadratestadt –
⑤ Altstadt
S. 14

③ Oststadt
Jesuitenkirche S. 34

❶ Schloss ⑫ Wasserturm
Mannheim
⑭ Kunsthalle ⑳
Luisenpark

Schwetzinger-
stadt
S. 52 TECHNOSEUM
㉑

Inhalt

Cleveres Nummernsystem

Die Sehenswürdigkeiten sind im Text und im Kartenmaterial mit derselben **magentafarbenen ovalen Nummer** 1 markiert. Alle anderen Lokalitäten wie Geschäfte, Restaurants usw. tragen ein **Symbol und eine fortlaufende rote Nummer** (🏠1). Die Liste aller Orte und die Zeichenerklärung befinden sich im Anhang.

🦋 Der Schmetterling ...

... zeigt an, wo man Angebote im Bereich des nachhaltigen Tourismus findet.

Bewertung der Sehenswürdigkeiten

★ ★ ★ nicht verpassen
★ ★   besonders sehenswert
★   wichtig für speziell
       interessierte Besucher

Planquadrat im Kartenmaterial

[A1]   Orte ohne diese Angabe liegen außerhalb unserer Karten. Ihre Lage kann aber wie die aller Ortsmarken mithilfe der begleitenden Web-App angezeigt werden (s. Anhang).

Vorwahl

❯ Mannheim und Ludwigshafen:
0621

Updates zum Buch

www.reise-know-how.de/citytrip/
mannheim22

⊡ *Barocke Sinnesfreude im Mannheimer Schloss* ❶

069mh.gs

MANNHEIM ENTDECKEN

Willkommen in Mannheim

Mannheim ist immer eine Reise wert, nicht nur wegen seiner Sehenswürdigkeiten. Es gibt genügend Bars und Clubs, um sich die Zeit zu vertreiben, ebenso Restaurants und Cafés. Zum Einkaufen pilgern am Wochenende Zehntausende in die Quadratestadt (s. S. 15), in der sich die Schaufenster zwischen Paradeplatz **6** *und Wasserturm* **12***, Mannheims Wahrzeichen am Friedrichsplatz* **11***, kilometerlang aneinanderreihen.*

Mannheim liegt **im Norden Baden-Württembergs,** an der Grenze zu Hessen und Rheinland-Pfalz. „Multikulti" wird hier seit Jahrzehnten vorgelebt und so findet sich am Luisenring die christliche Kirche gleich gegenüber der Moschee. In Bars und Clubs, Restaurants und Warenhäusern arbeiten Angehörige unterschiedlicher Religionen Seite an Seite – ganz so, als wolle Mannheim jedem zeigen, wie gelebte Toleranz heute auszusehen hat. Und auch Mannheims **Gastronomie** vereint längst Küchenkünstler aus aller Welt – Hausmannskost hat zwischen Rhein und Neckar viele Gesichter! **Kunst und Kultur** sind ebenfalls von Diversität geprägt, und das nicht nur, wenn das Nationaltheater **16** die traditionellen Männerrollen in deutschen Theaterklassikern mit Frauen besetzt oder in der Kunsthalle **14** traditionelle Geschlechterrollen hinterfragt werden.

Touristisch ist Mannheim schnell erobert. Die wichtigsten **Sehenswürdigkeiten** liegen allesamt **nah beieinander.** Vom **Schloss** **1** oder der benachbarten **Jesuitenkirche** **3** im Westen bis zum **Neckarufer** im Osten ist es keine halbe Stunde Fußweg – weiter ins Viertel **Neckarstadt** **26** nur ein Katzensprung über die Kurpfalzbrücke. Ein Auto braucht man in Mannheim deshalb nicht, zumal auch das Parken ins Geld geht. In alle Stadtteile fahren **Busse und Bahnen** und auch in die Schwesterstadt Ludwigshafen **29** oder nach Heidelberg kommt man mit dem ÖPNV. Zu Großveranstaltungen in der **SAP-Arena** **28** wie den Heimspielen der **Adler Mannheim,** einem der erfolgreichsten deutschen Eishockeyteams, oder zum **Maimarkt** (s. S. 81) fährt man sogar gratis, wenn man eine Eintrittskarte hat.

Komplett verregnete Tage kennt Mannheim kaum und wenn es mal regnet, bieten die großen **Kaufhäuser** und **Geschäftsgalerien** entlang der **Planken** **7** Schutz. Ebenfalls eine Alternative (nicht nur für verregnete Tage) sind die Museen der Stadt von **den Reiss-Engelhorn-Museen** **5** mit ihrem großen Ausstellungsangebot bis zum **TECHNOSEUM** **21** mit seinen Mitmachstationen, an denen sich Technik- und Sozialgeschichte spielerisch erfahren lässt. Lacht aber die Sonne vom Himmel, ist es nirgends schöner als im **Luisenpark** **20** oder im **Herzogenriedpark** (s. S. 57) auf der anderen Seite des Neckars.

◁ *Vorseite: Der Friedrichsplatz* **11** *ist ein zentraler Teffpunkt für Jung und Alt*

▷ *Wasserturm* **12** *und Wasserspiele prägen Mannheims Eingang zur Quadratestadt*

Kurztrip nach Mannheim

Mehr als zwei Drittel der Mannheim-Besucher sind Tagesgäste. Die meisten kommen zum Einkaufsbummel, doch man täte der Stadt Unrecht, würde man sie nur auf ihre Shoppingzonen reduzieren. Wenn man nur begrenzt Zeit hat um Mannheim zu erkunden, bietet sich der auf Seite 12 beschriebene Stadtspaziergang an. Wer mindestens zwei Tage Zeit hat, findet im Folgenden Anregungen, wie man diese am besten füllen kann.

1. Tag

Warum im Hotel frühstücken? Spätaufsteher können das auch in den **Museumscafés** der Kunsthalle ⑭ oder der Reiss-Engelhorn-Museen ⑤ im Zeughaus bzw. im chinesischen **Teehaus im Luisenpark** ⑳, der zum stundenlangen Bummeln oder zur großen Bootsfahrt lädt. Tiere gibt es dort ebenfalls zu sehen, da verrinnt die Zeit ganz schnell. Alternative ist der **Wochenmarkt** auf dem Marktplatz ⑧, wo Händler dreimal in der Woche ihre Waren anbieten. Wer Glück hat, freut sich mit den Brautpaaren, die samstags im Standesamt am Marktplatz heiraten und fast immer für bunte Bilder sorgen – nicht nur, wenn mal wieder ein Schwarm Tauben von ihrem neuen Glück zeugen soll.

Wem das alles zu trubelig ist: Am **Neckarufer** ist morgens nur wenig los und ein Bummel hier lohnt sich immer. Wer lieber schon auf Sightseeingtour gehen will: Das **Schloss** ① öffnet um 10 Uhr seine Türen. Dann kann man in die Welt der Kurfürsten abtauchen!

Mittags ist Zeit zum **Einkaufen**, dann pulsiert das Leben in den Einkaufsstraßen rund um die **Planken** ⑦. Wem mehr der Sinn nach Kunst oder Kultur steht, macht in einem der Museen Mannheims (s. S. 66) Station. Eltern mit Kindern am besten im

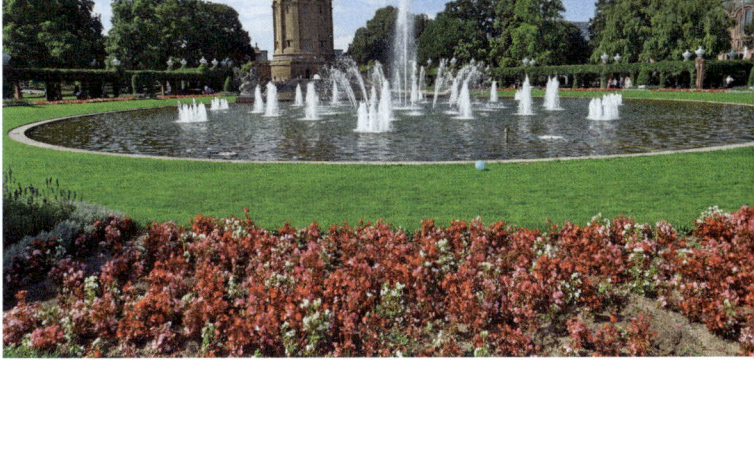

005mh-gs

006mh-gs

2. Tag

Warum nicht mal frühmorgens baden gehen? Das **Herschelbad** 9 gehört zu den schönsten deutschen Hallenbädern aus der Belle Époque. Alternativ macht man sich auf zu einem kleinen Stadtbummel, gibt es doch noch einiges zu entdecken – zum Beispiel die alten Villen und Häuser aus der Gründerzeit in der **Oststadt** (s. S. 34). Auch **Schloss** 1 und **Jesuitenkirche** 3, Mannheims barocke Prunkstücke, sind immer einen Besuch wert.

Mittags ist im Sommer **Biergartenzeit,** zum Beispiel im Restaurant **Rheinterrassen** (s. S. 71) mit seinen Schatten spendenden Bäumen. Wer Lust auf **Picknick** hat, nimmt Essen und Getränke auf eine der Wiesen im **Luisenpark** 20 mit oder begibt sich ans Ufer von **Neckar** oder **Rhein.** Wer erleben will, wie es früher einmal am Rhein ausgesehen hat, ist in **Neckarau** 27 richtig, wo sich mit der Reißinsel ein alter Auwald befindet, ein einmaliges Naturschutzgebiet. Das ist großes Kino der Natur! Spielt der Wettergott nicht mit, findet man mit den Mannheimer **Museen** (s. S. 66) gute Alternativen.

Abends gilt es, den Kurztrip angemessen ausklingen zu lassen – zum Beispiel in der **Rooftop-Bar des Radisson Blu Hotels** (s. S. 108), von der aus man der untergehenden Sonne zusehen kann. Noch spektakulärer fällt der Abschied von Mannheim auf dem **Fernmeldeturm mit seinem Aussichtsrestaurant** (s. S. 50) aus, das sich binnen einer Stunde um die eigene Achse dreht und bei gutem Wetter einen einmaligen Blick vom Odenwald bis in den Pfälzerwald erlaubt. Dann wird das große Mannheim plötzlich ganz klein!

TECHNOSEUM 21, wo man auf einem alten Dampfzug auch eine Runde durch den Museumsgarten drehen kann. Nur wenig weiter lockt das **Planetarium** 19 mit spektakulären Bilderwelten, die einem den Sternen näherbringen.

Abends hat man die Qual der Wahl. Groß ist das Angebot an Theater und Kleinkunst. Im Herbst und Winter lockt der **Palazzo** am Europaplatz mit seiner Dinnershow (s. S. 74). Auch in der **SAP-Arena** 28 ist meist etwas los, vom Rock- und Popkonzert bis zum Eishockeyspiel oder anderen Sportereignissen. Nachteulen lockt der **Jungbusch** 23, das multikulturelle Ausgeh- und Szeneviertel mit seinen Bars, Bistros, Clubs und Restaurants. Da kann es spät werden!

⌂ *Ausgehviertel Nummer eins: der Jungbusch* 23

Das gibt es nur in Mannheim

> **Adressen aus Buchstaben und Zahlen:** Straßennamen findet man im Herzen Mannheims kaum. Stattdessen gibt es Quadrate mit Buchstaben und Zahlen, die für den Beinamen „Quadratestadt" (s. S. 15) sorgen.

> **Die Erfindung des Fahrrads:** 1817 war Freiherr Karl von Drais erstmals auf seiner Laufmaschine unterwegs. Durch abwechselndes Abstoßen der Beine hielt er sie in Bewegung. Hunderte bestaunten den Herrn im Sonntagsstaat damals, den viele als „Spinner" ansahen (s. S. 32).

> **Erster Fußballmeister der Bundesrepublik:** Vor über 90.000 Zuschauern schlug der VfR Mannheim, der heute in der Verbandsliga kickt, im Juli 1949 die favorisierte Mannschaft von Borussia Dortmund im Stuttgarter Neckarstadion mit 3:2. Mit 650 Mark wurde jeder Spieler für den Sieg belohnt. Zur Vorbereitung auf das Finale hatten sich die Kicker, die sonst andere Jobs hatten, zum Trainieren drei Tage Urlaub genommen.

> **Deutschlands größtes Schloss:** Unweit des Rheins steht die Anfang des 18. Jahrhunderts erbaute Schlossanlage ❶. Mit 60.000 Quadratmetern Nutzfläche ist sie zwar ein wenig kleiner als ihr Vorbild, das Schloss im französischen Versailles, aber etwa genau so groß wie der Winterpalast des russischen Zaren in Sankt Petersburg.

> **Die Erfindung des Automobils:** Carl Benz hieß der Mann, der in Mannheim das weltweit erste Auto konstruierte (s. S. 42). Die erste große Tour mit dem Benz Patent-Motorwagen unternahm jedoch seine Frau Berta. Heute erinnert eine Nachbildung des Originals im Marchivum (s. S. 66) und ein Denkmal in der Augustaanlage ⓱ an das erste deutsche Auto.

> **Erstes bemanntes Raketenflugzeug:** Julius Hatry, Mitglied des Mannheimer Fliegerclubs, machte als erster Bürger Badens 1927 seinen Segelflugschein. Wenig später konstruierte der junge Mann das von drei Raketen angetriebene Flugzeug RAK1, mit dem er 1929 seinen Jungfernflug absolvierte. Trotz 350 Kilopond Schub und vier Sekunden Brenndauer dauerte der allerdings in etwa zehn Meter Höhe nur Sekunden.

☐ *Kurfürstlicher Glanz: das Schloss ❶ mit seiner barocken Fassade*

007mh-gs

Stadtspaziergang

Der im Folgenden beschriebene Stadtspaziergang dauert zwar nur etwa drei Stunden, mit Museums- und Parkbesuchen wird daraus aber schnell ein Tagesausflug. Am besten beginnt man ihn am **Hauptbahnhof** 22 – auch weil sich dort die **Tourist Information** (s. S. 99) und eine große Parkgarage finden. Zum **Friedrichsplatz** 11, einer Gartenanlage im Barockstil mit dem Mannheimer Wahrzeichen, dem **Wasserturm** 12, ist es über den Kaiserring nur ein Katzensprung. Von der Terrasse des Turms hat man den schönsten Blick in den Park und auf die ihn umgebenden Belle-Époque-Bauten: das **Congress Center Rosengarten** 13, die Arkadengebäude und die **Kunsthalle** 14, deren Altbau sich heute allerdings hinter einem modernen Kubus aus Glas und Beton versteckt. Im Osten des Platzes beginnt die **Augustaanlage** 17, deren Anfang ein Denkmal für Carl Benz, den Erfinder des Automobils, markiert – nebst einer Nachbildung seines ersten patentierten Motorwagens (s. S. 42).

Jetzt aber weiter in die **Oststadt!** Vom Friedrichsplatz zweigt die Elisabethstraße zur **Christuskirche** 15 ab, Mannheims größtem evangelischen Gotteshaus. Vorbei an den alten Villen in der Werderstraße, der Viktoriastraße und über den Charlottenplatz geht es entlang der prächtigen Bauten in der Lameystraße und durch die Berliner Straße zum **Nationaltheater** 16. Ihm gegenüber beginnt der

Routenverlauf im Stadtplan
Der hier beschriebene Spaziergang ist mit einer farbigen Linie im Stadtplan eingezeichnet.

Luisenpark 20. Sein kleinerer Teil ist kostenlos zugänglich, der andere nicht. Für seinen Besuch sollte man mindestens zwei bis drei Stunden extra einplanen, vor allem bei schönem Wetter. 2023 beherbergt er zudem die **Bundesgartenschau** (s. S. 46).

Ein bisschen Parkluft tut gut, deshalb queren wir den Luisenpark zur Lessingstraße hin, die zum Neckarufer führt, an dem es nun entlanggeht. Wer Zeit und Lust hat, überquert am Collini-Steig [F3/4], einer Fußgängerbrücke, den Neckar, um einen Schlenker durch **Neckarstadt** 26 zu machen. Weil diese Erkundung aber mindestens ein Stündchen Zeit kosten würde, bleibt man besser auf der linken Seite des Neckars immer am Ufer. Nahe der **Kurpfalzbrücke** [E3] stehen zwei alte Kräne, die längst Industriedenkmäler sind.

Wenn erste Hafenanlagen schließlich den weiteren Weg am Ufer versperren, ist es Zeit, über die **Holzstraße** wieder in die Quadratestadt (s. S. 15) einzutauchen. Die Straße mündet in den **Luisenring** [C3], wo sich ein großes katholisches Gotteshaus neben einer noch größeren Moschee findet. Wenig weiter führt die Dalbergstraße in den Stadtteil **Jungbusch** 23 und ein Schlenker über Werft- und Beilstraße bringt den Spaziergänger bis zur Kreuzung mit der Böckstraße. Hier erinnert das **Sackträger-Denkmal** (s. S. 54) an Zeiten, als noch Matrosen und Tagelöhner im Jungbusch-Viertel den Ton angaben.

Am Ende der Böckstraße findet sich an einem Verbindungskanal zwischen Neckar und Rhein **Port 25** (s. S. 67), eine Galerie für Gegenwartskunst. Zurück in die Innenstadt führt die **Jungbuschstraße**, an der sich Bars, Clubs und Restaurants aneinanderreihen. An Sommerabenden

065mh-gs

steppt hier gewöhnlich der Bär, mittags aber findet sich meist noch ein Plätzchen für eine kleine Pause – vom späten Frühjahr bis zum frühen Herbst gern draußen unter Schatten spendenden Bäumen. Auf der anderen Seite des Luisenrings geht es weiter Richtung **Marktplatz 8**, vorbei am Lichtspieltheater **Odeon**, zu dem auch eine kleine, kultige **Bar** (s. S. 75) gehört. An der nächsten Kreuzung rechts und am folgenden kleinen Plätzchen links ab, geht es an eindrucksvollen **Murals** (s. S. 68) und der neuen Synagoge vorbei zum Marktplatz, an den das Viertel „**Klein Istanbul**" (s. S. 31) grenzt. Eine breite Fußgängerzone führt in der Gegenrichtung zum **Paradeplatz 6**, wo sich mit den **Planken 7** Mannheims Shoppingparadies öffnet.

Jetzt muss man sich entscheiden: Wer Schaufenster und Ladenstraßen mehr mag als Kirchen und Schlösser, folgt den Planken nach links zum Wasserturm und von dort zurück zum Bahnhof, unserem Ausgangspunkt. Alle anderen schlendern in die andere Richtung bis zu den **Reiss-Engelhorn-**

Museen 5, die neben ihren Dauerausstellungen auch immer wieder mit sehenswerten Sonderausstellungen locken. Vom Toulonplatz, an dem die großen Museen liegen, geht es an seiner östlichen Flanke ein paar Meter weiter bis zur nächsten Kreuzung, wo es rechts zum **Schillerplatz 4** geht und schließlich die **Jesuitenkirche 3** ins Blickfeld rückt. Sie lohnt immer eine Visite. Vorbei am **Café Sammo Zén** (s. S. 22) kommt man zur Bismarckstraße, die man quert. Nun geht es nach links zum **Mannheimer Schloss 1** samt der **Schlosskirche 2**, ehe man sich auf den Weg zurück zum Hauptbahnhof macht. Wer spät aufbricht und das Schloss unbedingt auch innen besichtigen will (letzter Einlass 16 Uhr), kann den Stadtspaziergang auch in umgekehrter Reihenfolge machen – oder erst einmal vom Bahnhof zur Visite des Schlosses aufbrechen, das gewöhnlich um 10 Uhr seine Pforten öffnet.

⌂ *Der Rosengarten 13 – Kongress- und Tagungszentrum der Stadt*

Quadratestadt – Altstadt

Zwischen **Rhein** und **Neckar** erstreckt sich Mannheims Altstadt, die wegen ihrer Anlage in Quadraten auch Quadratestadt genannt wird. Ihre wichtigste Achse ist die **Kurpfalz-straße**, die sich vom **Kurfürstlichen Schloss** ❶ am Rhein zur Kurpfalz-brücke am Neckar zieht. Sie ist mit knapp 30 Metern Breite die größte Fußgängerzone Mannheims, weshalb sie früher auch „Breite Straße" hieß. So nennen viele Mannheimer die Fußgängerzone noch immer.

Am **Paradeplatz** ❻ kreuzt sich die Kurpfalzstraße mit den **Planken** ❼, die Richtung **Wasserturm** ⓬ führen, Mannheims Wahrzeichen. Ebenfalls an der Kurpfalzstraße liegt der **Marktplatz** ❽, der dreimal wöchentlich mit großem Markt aufwartet. Von ihm aus in Richtung Osten öffnet sich ein heute türkisch geprägtes Viertel, das im Volksmund „**Klein-Istanbul**" (s. S. 31) heißt. Hier lohnt ein Bummel für alle, die fremde Lebenswelten schätzen. Von hier sind es auch nur ein paar Schritte zur in den 1980er-Jahren erbauten Neuen Synagoge im Quadrat F3.

Kulturelle Aushängeschilder der Quadratestadt sind die **Reiss-Engel-horn-Museen** ❺ mit ihren Ausstellungen und Sammlungen. Barockes Prachtstück der Altstadt ist neben dem Schloss die **Jesuitenkirche** ❸.

Früher war Mannheim in eine obere und untere Stadt geteilt. Der obere Teil reichte vom Schloss bis zu den Planken. In ihm waren meist die Hofbeamten und der Adel zu Hause. Vom Paradeplatz bis zum Neckar erstreckte sich das eher bürgerliche Viertel, die Unterstadt. Heute merken diesen Unterschied allenfalls noch ein paar ältere Einheimische.

❶ Schloss Mannheim ★★★ [C6]

Deutschlands größtes Schloss ist eines der schönsten barocken Ensembles im deutschen Südwesten. Ein Prachtbau in Rheinnähe, mit dem seine absolutistischen Bauherren jedem ihre Macht und ihr Ansehen vor Augen führen wollten. Viele große Straßen im alten Mannheim liefen auf das gewaltige Gebäude mit seinen mehr als 500 Räumen und rund 2000 Fenstern zu, in dem heute große Teile der Universität zu Hause sind. Der besonders prunkvoll ausgestattete Mittelbau steht Besuchern offen. Dort erzählt ein Museum die Geschichte des Schlosses und seiner architektonischen Gestaltung. Fast noch mehr aber erfährt man auf dem Museumsrundgang über das Leben am kurfürstlichen Hof.

Es war **Kurfürst Carl Philipp**, ein überzeugter Katholik, der Anfang des 18. Jahrhunderts das Leben im protestantischen Heidelberg satt hatte und sich in der Nachbarstadt ein besseres erhoffte. 1720 siedelte er deshalb nach Mannheim um, wo er in Anwesenheit des Wormser Weihbischofs am 2. Juli den Grundstein für das neue Schloss legte. „Gott der Allerhöchste wolle seine Gnade dazu verleihen, dass das nunmehr angefangene Schloss bald zur Perfektion gebracht werde", beschloss der Landesherr den Akt der Grundsteinlegung.

Bauleute und Handwerker aus Deutschland, Italien, Frankreich, Belgien und den Niederlanden setzten um, was gleich mehrere Architekten geplant hatten. Schließlich sollte der Bau dem Amtssitz des französischen Sonnenkönigs Ludwig XIV. in Versailles nicht nachstehen. 1731 waren der große Palast mit Ehrenhof und die Schlosskirche vollendet, sodass der Kurfürst seine neue Residenz im November beziehen konnte. Auch wenn Fassaden und Dächer die Wappen und Monogramme des Kurfürsten trugen, ganz so prächtig, wie er es sich vorgestellt hatte, wurde der Bau aus Geldmangel schließlich doch nicht. Im Inneren hatte man aber an nichts gespart, wovon die aufwendigen **Stuckdecken** und heroische **Deckengemälde** zeugen.

1737 begannen die Arbeiten am heute von der **Universität** genutzten **Westflügel**, an den man ein riesiges Opernhaus andockte. Verantwortlich dafür zeichnete der italienische Architekt und Schöpfer der Mannheimer Jesuitenkirche **Allesandro Galli da Bibiena** (1687–1748). Mit seiner Einweihung anlässlich der Hochzeit Karl Theodors, eines entfernten Verwandten Carl Philipps, der 1742 dessen älteste Enkelin ehelichte, war

Quadratestadt

Bis 1684 trugen Mannheims Gassen Namen. Weil Mannheim aber von einem Festungsarchitekten im Auftrag des pfälzischen Kurfürsten weiter geplant wurde, teilte man schließlich wie bei den Militärs üblich die Lage der Gebäude in Quadrate ein. Die Mannheimer hielten allerdings zunächst an den lieb gewonnenen Straßennamen fest – auch weil die ersten Quadrate noch mit römischen Ziffern gekennzeichnet waren. Erst in den 1730er-Jahren wurden sie mit Buchstaben versehen. Mit Buchstaben und Ziffern ausgezeichnet wurde die Stadt schließlich Ende des 18. Jahrhunderts. Angeblich lieferte Mannheim mit seinen Quadraten auch den Anstoß zur Bebauung Manhattans.

Schon Mitte des 19. Jahrhunderts waren dem Schriftsteller August Becker die „sich bis aufs Haar gleichenden Straßen" ohne Namen aufgefallen. Er charakterisierte Mannheim als „regelmäßigste Stadt Deutschlands": „Das überrascht nun den Fremden, der aus den charaktervollen, alten Städten kommt; manche halten sogar Mannheim für eine schöne, aber im Grunde genommen ist es eine langweilige Stadt, der nur die ebenso quadratemäßig angelegten amerikanischen Städte den Vorrang streitig machen könnten. Sie ist eben ein Produkt der neueren Zeit, die in gradlinigen Straßen ihre krummen Gänge maskieren möchte [...]."

Heute sind die Quadrate eine Art Alleinstellungsmerkmal und für manchen Besucher der City noch immer ein Buch mit sieben Siegeln. Dabei ist ihre Ordnung leicht zu durchschauen: Links vom Schloss zur Kurpfalzbrücke reichenden Häuserschlucht liegen die Quadrate von A bis K, auf der Rechten die von L bis U. Der Ordnung halber sind alle Quadratreihen durchnummeriert. Je höher ihre Zahl, desto weiter außen liegt das Quadrat.

Jede Adresse besteht neben der Blockbezeichnung (der Quadratnummer) aus einer weiteren Zahl: der Hausnummer. Hinter der Anschrift D3 7 verbirgt sich also ein Gebäude mit der Hausnummer 7 im Block D3. In den Quadraten A bis K laufen die Hausnummern gegen den Uhrzeigersinn, in den von L bis U im Uhrzeigersinn um das jeweilige Quadrat.

die zweite Phase des Schlossbaus abgeschlossen.

Nur ein knappes Jahr später war **Karl Theodor** der neue Kurfürst und verschrieb sich ganz dem weiteren Ausbau des Schlosses. Dazu gehörten nicht nur der weitere Innenausbau, sondern auch die Errichtung des **Ostflügels**, der unter anderem die Kunst- und wissenschaftlichen Sammlungen sowie die Hofbibliothek aufnahm. Hinzu kam eine Stallung für 300 Pferde. 1760 war das Gebäudeensemble vollendet und Mannheims Schloss zur eindrucksvollen kurfürstlichen Residenz gereift. Gleichzeitig war sie ein europaweit bekannter **Musenhof**, in dem Oper und Theater zu Hause waren, aber auch Umwelt und Natur wissenschaftlich erforscht wurden.

1778, nach dem Pockentod des bayrischen Kurfürsten, siedelte Karl Theodor samt Hofstaat nach München über. Zurück blieb das Schloss, das jetzt eher als Last empfunden wurde, als teure Immobilie, deren Unterhalt viel Geld verschlang. 1802 gingen die Gebäude in den Besitz des Landes Baden über und das **Erbgroßherzogspaar Carl und Stéphanie von Baden** zogen in die ehemals kurfürstliche Residenz. Nach Carls Tod wurde das Schloss bis 1860 zum Witwensitz, in dem der alte höfische Glanz wieder auflebte – ein bisschen zumindest. So ließ Stéphanie, die Adoptivtochter Napoleons, einige Schlossräume im Empire-Stil renovieren und den **Schlossgarten** im englischen Stil bis zum Rhein neu anlegen. Schnell wurde er zu Mannheims Flanierzone mit immer wieder schönen Aussichten auf das Schloss.

◹ *Vor dem Schloss steht Kurfürst Karl Ludwig (1617–1680). Er hatte bereits 1664 den Bau eines Schlosses in Mannheim geplant.*

▷ *Der Rittersaal im Schloss bietet barocke Pracht vom Feinsten*

Nach Stéphanies Ableben wurde die Hofhaltung endgültig aufgelöst. Danach diente das Schloss Behörden als Unterkunft und als Ausstellungsraum für die kurfürstlichen Sammlungen. Mitten durch den Schlossgarten verlegte man ab 1865 Eisenbahn-, Pferdebahn- und später auch Straßenbahntrassen Richtung Ludwigshafen. Damit freilich wurde das Schloss vom Rhein abgetrennt.

Nach dem Zweiten Weltkrieg schien das Schicksal des Schlosses endgültig besiegelt. Das Gebäudeensemble war fast komplett zerstört, sodass man laut darüber nachdachte, die Ruinen ganz abzureißen. Letztlich aber erinnerte man sich an die glanzvollen Kurfürstenzeiten und begann zwei Jahre nach Kriegsende mit seinem **Wiederaufbau**, der freilich erst 2007 mit der Einweihung des neuen Schlossmuseums beendet war.

Das neue Schloss

Heute zeigt sich Mannheims Schloss fast wieder ganz so, wie es einmal war – allerdings nur dort, wo entsprechende Baupläne und Fotos für die Rekonstruktion verfügbar waren. Das war unter anderem bei der Schlosskirche, dem Rittersaal, dem breiten Treppenhaus und einigen großen Sälen der Fall. Andere Räume dagegen, die heute gewöhnlich die Universität nutzt, wurden zwar maßstabsgerecht erhalten, aber innen modern gestaltet.

Schmuckstück des Schlosses ist der ehemalige **Ehrenhof**, der zuletzt als Rasenfläche angelegt war und jetzt wieder mit Natursteinen gepflastert ist. Er beeindruckt mit dem Blick auf die Schlossfassaden noch immer. Majestätisch im weiten Hof stehen die 1907 geschaffenen Bronzestatuen zweier Schlossherren: des

pfälzischen Kurfürsten Karl Ludwig (1617–1680) und des badischen Großherzogs Karl Friedrich (1728–1811). Blickfang ist aber der viergeschossige Mittelbau, das sogenannte **Corps de Logis**. Über seinem Portal prangt ein von Löwen gehaltenes Bronzewappen, gekrönt vom Kurhut, dem Standeszeichen der Kurfürsten.

Im ersten Geschoss des Mittelbaus befand sich auf der Westseite das kurfürstliche Appartement, auf der anderen das kaiserliche Appartement. Es wurde 1742 nach einem Besuch Kaiser Karls VII. so benannt, heute würde man es Präsidentensuite nennen. Beide Trakte waren über das **prunkvolle Treppenhaus** zu erreichen, von dem aus der Kurfürst die Ankunft seiner Gäste verfolgen konn-

010mh-gs

Leben am Hof

Mannheims Schloss war nicht nur ein Prachtbau, sondern auch die ideale Kulisse für ein personalintensives höfisches Leben. So dienten den Kurfürsten der Großhofmeisterstab, der Oberstkämmererstab, der Obersthofmarschallstab, der Oberstallmeisterstab, der Oberstjägermeisterstab und der Hofmusikstab – insgesamt bis zu zweitausend Männer und Frauen, die sich um das Wohl der Herrschaften zu kümmern hatten. Kein Wunder, dass zeitweise jeder dritte Bürger Mannheims eine Anstellung als Soldat oder Hofbediensteter hatte.

Kurfürst Karl Theodor verfügte sogar über einen eigenen Hofpfarrer samt sieben Kaplänen, dazu einen eigenen Hostienbäcker. Sein Obersthofmarschallstab zählte 84 Personen, die meist in der Küche tätig waren – unter anderem ein Bratmeister, eine Sauerkrautverwahrerin, ein Seefischlieferant, ein Hühnerrupfer und ein Schildkrötenverwahrer. Hinzu kam der gesonderte Hofstaat für die Kurfürstin mit rund 280 Personen, die alle bezahlt sein wollten.

Lakaien, Vorreiter, Stalldiener und Leibkutscher gehörten ebenso zum Personal wie Musiker und Trommler, Kastraten und Tänzer. Das Leben am Hof war gewöhnlich ein permanentes Fest. In der Regel bestanden die Festessen aus drei Gängen. Die beiden ersten entstammten der Hofküche. Für die Desserts sorgte die Hofkonditorei, die auch die Tischdekorationen aus Zucker schuf. Monumentale Gebilde aus gefärbtem Zucker und Tragant, einem pflanzlichen Verdickungsmittel, das noch heute etwa bei der Fertigung von Hochzeitstorten verwendet wird.

Krönender Abschluss jedes Festessens war der Kaffee, damals wegen seines Preises noch kein Volksgetränk. Zubereitet wurde er wie heute, getrunken aber ganz anders. Berichte von Zeitgenossen verraten, dass man den Kaffee zunächst in einer Tasse mit Milch und Zucker verrührte, um ihn anschließend in die breite Untertasse zu gießen. Nur den Kaffeesatz ließ man in der Tasse zurück. Mehr über Tischsitten und höfisches Festleben vermittelt übrigens eine Sonderführung im Mannheimer Schloss unter dem Motto „Prickelnder Genuss im Glanz der Kronleuchter", bei der man das nächtliche Schloss wie zu Kurfürstenzeiten erlebt.

Maskenbälle, Tanz, Theater und Musik bestimmten das höfische Leben am Abend. Alles perfekt inszeniert und vor allem auf den Maskenbällen mit großem Aufwand in Szene gesetzt. Für glanzvolle Musikabende sorgte Ende des 18. Jahrhunderts die kurfürstliche Hofkapelle. Sie genoss hohes Ansehen in ganz Europa. Auch die Einführung eines einheitlichen Bogenstrichs im Orchester, bis heute Voraussetzung für ein kompaktes Klangbild, wird ihr zugeschrieben. Ihre Glanzzeit lässt sich im Schlossmuseum im „Erlebnisraum Hofmusik" ganz sinnlich erleben. So erfährt man etwa anhand eines Münzstapels, was ein Musiker im Vergleich zum Preis für ein Huhn oder der Apanage der Kurfürstin verdiente, und Videos zeigen den einheitlichen Bogenstrich. Vor allem aber ist in der Sonderschau das Ohr gefordert, wenn Besucher und Besucherinnen die einst von der kurfürstlichen Hofkapelle gespielte Musik genießen können. Aber auch Stücke von Wolfgang Amadeus Mozart, welcher der Kurfürstin eigene Sonaten für Hammerklavier und Violine widmete.

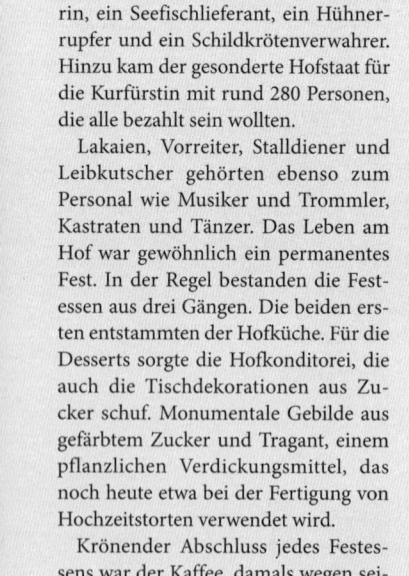

te. Es beeindruckt mit seiner breiten Treppe und bot den idealen Rahmen für die höfischen Empfänge, bei denen jeder Gast seiner Bedeutung und seinem Rang entsprechend entweder schon am Eingang, im Treppenhaus oder erst in den Prunkgemächern des Obergeschosses empfangen wurde. Die im Zweiten Weltkrieg zerstörten, 1730 vom Maler Cosmas Damian Asam (1686–1739) geschaffenen drei **Deckenfresken** im Treppenhaus wurden beim Wiederaufbau des Schlosses in den 1950er-Jahren vom Kunstmaler Carolus Vocke (1899–1979) nachgebildet. Sie zeigen in der Mitte das „Urteil des Paris", eine Szene aus der griechischen Mythologie, bei der ein Jüngling namens Paris über die Schönheit der drei Göttinnen Aphrodite, Athene und Hera richten sollte. Die Seitenfresken zeigen die Göttinnen Juno und Venus.

Eine große Tür führt aus dem vorgebauten Treppenhaus in den **Rittersaal** des Hauptgebäudes, der heute gern für kleine Konzerte oder als Ort für Hochzeitsfotos genutzt wird. Seinen Namen verdankt er den Versammlungen des pfälzischen Ritterordens Sankt Hubertus. Der Saal, in dem schon Mozart konzertierte, bietet mit einem der kurfürstlichen Zeit nachempfundenen Deckengemälde, feinsten Stuckaturen, Marmorstatuen von Kurfürst Carl Theodor und seiner Frau Elisabeth Auguste in den Ecknischen, Bildnissen weiterer Kurfürsten und einem Leuchter Barock vom Feinsten. Da gehen einem die Augen auf!

Vom Rittersaal führen Türen in die angrenzenden Appartements, die mit kostbaren Wandteppichen und wertvollem Mobiliar geschmückt sind. An die Nutzung als Speisezimmer durch das großherzogliche Paar Carl und Stéphanie von Baden erinnert eine festlich gedeckte Tafel. Herzstück des Kaiserlichen Quartiers ist der **Thronsaal**, auch Audienzzimmer genannt. In ihm gingen gewöhnlich die offiziellen Regierungsgeschäfte samt Staatsempfängen über die Bühne – und auch er ist heute mit feinsten Tapisserien ausgestattet.

Manch verloren geglaubter Wandteppich ist in den letzten Jahren übrigens aufwendig restauriert nach Mannheim zurückgekehrt. Mithilfe alter Schlossinventare und Fotografien konnten Spezialisten der baden-württembergischen Schlösserverwaltung zudem rund 800 Einrichtungsstücke ihren angestammten Plätzen zuordnen. Inzwischen ist auch einer der letzten Schätze des Schlosses wieder der Öffentlichkeit zugänglich, der im Erdgeschoss die Bombardements des Zweiten Weltkriegs relativ unbeschadet überstanden hat: das im Rokokostil um 1756 erbaute **Bibliothekskabinett**. Hinter einer Glaswand zeigt sich das Prunkstück mit Deckenstuckarbeiten und feinstem Parkett samt seiner hinter Gittertüren versteckten Bücherregale. Es war der angebliche Lieblingsort der Kurfürstengattin Elisabeth Augusta, an dem sie mit die schönsten Stunden ihres Lebens verbracht haben soll. Ein Platz, der auch noch mehr als zweieinhalb Jahrhunderte später viel Zufriedenheit ausstrahlt!

❯ **Schloss Mannheim,** Bismarckstraße, Schloss Mittelbau, Tel. 0621 2922891, www.schloss-mannheim.de, Di.–So. 10–17 (letzter Einlass 16) Uhr, Eintritt samt Audioguide für individuelle Rundgänge: 9 €, Familienkarte 22,50 €. Führungen sind auf Anfrage unter Tel. 0621 658880 möglich. Im Angebot sind zahlreiche Sonderführungen zum Leben und Alltag am kurfürstlichen Hof. Hunde müssen draußen bleiben.

❷ Schlosskirche ★★ [C6]

Am Westflügel des Schlosses „klebt" die Schlosskirche. Bis 1777 war sie für die Kurfürsten und ihren Hofstaat Ort des täglichen Gottesdienstes, ehe sie – nachdem Mannheim badisch geworden war – von Reformierten und Katholiken gemeinsam genutzt wurde. In der zweiten Hälfte des 19. Jahrhunderts diente die Kirche unter anderem als Lager und Depot des Roten Kreuzes. 1874 schließlich überließ der Großherzog den Bau der **Alt-Katholischen Gemeinde Mannheim** zur Nutzung, die noch heute dort Gottesdienst feiert.

Ursprünglich war die Kirche nicht als eigenständiger Bau geplant, sondern als Teil des Schlosses. Das Gotteshaus sollte architektonisch mit der gegenüberliegenden Bibliothek im Ostflügel korrespondieren. 1732 wurde es unter dem Namen „Mariä Heim-

suchung" eingeweiht: ein roter Sandsteinbau mit Rundbogenfenstern. Ein Prachtbau vor allem im Inneren!

Wie viele Bauten Mannheims wurde auch die Schlosskirche im Zweiten Weltkrieg stark zerstört, sodass man ernsthaft überlegte, sie wie auch das Schloss abzureißen, um Platz für Wohnungen und Straßen zu schaffen. Allerdings siegte auch in diesem Fall das Geschichtsbewusstsein über alle städtebaulichen Überlegungen, sodass im Sommer 1956 die wiederaufgebaute Schlosskirche **zu Ehren der Heiligsten Dreifaltigkeit** neu geweiht werden konnte. Die Trinität zeigt sich auch in dem großen Relief im Dreiecksgiebel der Kirche.

Bei der **Rekonstruktion** des Gotteshauses wurde der Altarraum neugestaltet. Giovanni Battista Tiepolos 1753 geschaffenes Gemälde „Die Anbetung der Heiligen Drei Könige" aus dem fränkischen Kloster Schwarzach, das sich heute in Münchens Alter Pinakothek befindet, diente als Vorlage für ein neues Altargemälde. Neu geschaffen wurde auch das **Deckengemälde**, das ursprünglich Cosmas Damian Asam schuf. Es zeigt auf über 200 Quadratmetern den Triumph der Kirche und die Heimsuchung Mariens, die der Kirche ja einmal den Namen gab. Auch die im Zweiten Weltkrieg beschädigten mehr als hundert Stuckaturen wurden Mitte der 1950er-Jahre im barocken Geist erneuert. Den Bombenhagel unbeschadet überstanden hat die **Fürstengruft**, zu der man von der Sakristei aus Zugang hat. In ihr liegt der 1742 verstorbene Kurfürst Carl Philipp begraben.

◁ *Die Schlosskirche wurde nach schweren Zerstörungen im Zweiten Weltkrieg neu gestaltet*

Heute ist die Schlosskirche spirituelles Zentrum der Alt-Katholiken aus Mannheim und Ludwigshafen. Wie zu kurfürstlichen Zeiten, als die Hofkapelle hier die sonn- und feiertäglichen Gottesdienste gestaltete, ist die Kirche noch immer auch Hort **konzertanter Kirchenmusik.** Den Dichter Christoph Martin Wieland (1733–1813) beeindruckten die Kirchenkonzerte an den kirchlichen Hochfesten so sehr, dass er überschwänglich schrieb: „Das ist für mich eine fête, die über alle fêten und Opern geht."

❯ **Schlosskirche,** Bismarckstraße 14, Tel. 0621 21363, www.alt-katholisch.de/ unsere-gemeinde/gemeinde-mannheim

❸ Jesuitenkirche ★★★   **[C5]**

Die Jesuitenkirche ist neben dem Schloss der schönste barocke Bau Mannheims. Neben dem Speyerer Dom war sie die Lieblingskirche des einstigen Bundeskanzlers Helmut Kohl, der hier öfter den Gottesdienst besuchte. Die Mitte des 18. Jahrhunderts erbaute und im Zweiten Weltkrieg schwer zerstörte Kirche wurde zwischen 1986 und 2003 rekonstruiert und erstrahlt heute wieder in altem Glanz.

Mit dem Bau der Jesuitenkirche setzte der **Jesuitenorden** ein weithin sichtbares Zeichen in der bis dahin protestantisch geprägten Stadt. Sein größter Förderer war der 1720 von Heidelberg nach Mannheim übergesiedelte katholische **Kurfürst Carl Philipp,** der den Ordensleuten nicht nur ein passendes Grundstück in Schlossnähe schenkte, sondern auch die Finanzierung des Prachtbaus zusagte. So wurde 1733 der Grundstein für die Kirche gelegt.

Nach dem Tod Carl Philipps trat sein von Finanznöten geplagter Nachfolger Carl Theodor auf die Sparbremse, sodass die Bauarbeiten erst einmal ruhten. Erst zwei Jahre später, nachdem man die Baupläne abgespeckt hatte, ging es weiter. 1760 war die Kirche schließlich fertig, die letztlich doch noch von einer besseren Finanzausstattung des Hofes profitierte. Architektonisch erinnerte sie an die Mutterkirche des Jesuitenordens Il Gesù in Rom. Geweiht wurde sie den einflussreichsten Gestaltern des Ordens: Franz Xaver und Ignatius von Loyola.

Die anschließenden Jahrzehnte waren für die Jesuiten keine guten. 1773 hob der Papst den Orden auf, was wenig später auch zur Auflösung des Mannheimer Jesuitenkollegs führte. Bald darauf übernahmen **französische Lazaristen** die Kirche, bis wenig später auch ihr Orden aufgehoben wurde. Anfang des 19.

⌃ Vom Schillerplatz ❹ aus zeigt sich die Jesuitenkirche in ihrer ganzen Schönheit

Jahrhunderts wurde die Jesuitenkirche Mannheims gewichtigste **Pfarrkirche**, weil die am Marktplatz **8** befindliche Sebastianskirche zu klein geworden war. Rund ein Jahrhundert später wurde die Kirche erstmals umfassend renoviert. Damals entstanden auch die Figuren der beiden Kurfürsten in der Vorhalle.

Im **Zweiten Weltkrieg** ging die Jesuitenkirche im Bombenhagel der Alliierten in Flammen auf. Chor und Hochaltar fielen den Fliegerangriffen ebenso zum Opfer wie Kuppel, Dachstuhl, Glockentürme und einen Großteil der Inneneinrichtung. Zurück blieben rußgeschwärzte Mauern. Ein Glücksfall dagegen war, dass der Messner in einer Gruft unter dem Westturm ein Großteil des Kirchenschatzes versteckt hatte, der so den Krieg überstand.

Tröstlich war auch, dass die Jesuiten 1947 nach Mannheim zurückkamen und bis heute das kirchliche Leben in der Pfarrei gestalten. Erste Gottesdienste fanden im hintersten Teil der noch nutzbaren Kirche statt, den eine Wand vom zerstörten Chorraum trennte. Anfang der 1960er-Jahre war

(MEIN TIPP)

Oase der Ruhe

Abseits des Innenstadttrubels befindet sich das kleine **Café Sammo Zén** samt seiner Außenterrasse mit schönem Blick auf die Jesuitenkirche **3**. Zur Universität im Schloss sind es nur ein paar Schritte, daher ist das Publikum eher jung. Kaffee und Tee gibt es in vielen Varianten, dazu Smoothies und Frappés. Spätaufsteher kommen vor allem am Wochenende gern zum Frühstück. Die Hektik der Quadratestadt ist hier meist außen vor – vor allem, wenn man auf einem der Sofas oder Sessel versunken einmal ganz abgeschaltet hat.

1 [C5] **Café Sammo Zén**, A3 7, Tel. 07664 97851, www.cafesammo.com, Mo.–Fr. 7–20, Sa. 9–19, So. 10–19 Uhr

der äußere Wiederaufbau nach historischem Vorbild abgeschlossen, 1997 auch die Rekonstruktion des Hochaltars und die Wiederherstellung der kurfürstlichen Logen.

Während Längs- und Rückseite der Kirche einfach gehalten sind, wurde die Front zur zweitürmigen **Schausei-**

013mh-gs

te aus feinstem Sandstein, über ihr die 75 Meter hohe Kuppel. In den beiden **Glockentürmen** hängen acht Glocken, die älteste aus dem Jahr 1754. Besonders prachtvoll zeigt sich die Frontfassade mit ihrem Vorbau samt schmiedeeiserner Gitter. Das Mittlere krönt der sogenannte Kurhut, das Standeszeichen der Kurfürsten. Die beiden Monogramme im Gitter, kunstvoll verschlungene Anfangsbuchstaben, verweisen auf Kurfürst Carl Theodor und seine Gattin Elisabeth Augusta. Ins Auge fallen an der Fassade auch die **Statuen**, welche die vier Kardinaltugenden verkörpern: Besonnenheit, Tapferkeit, Weisheit und Gerechtigkeit.

Noch aufwendiger wurde das **Innere der Kirche** gestaltet: mit einem Langhaus und sechs Seitenaltären, die den Zweiten Weltkrieg relativ gut überstanden haben. Sie sind verschiedenen Heiligen wie Elisabeth von Thüringen oder Karl Borromäus gewidmet. Das Langhaus mündet in einem eindrucksvollen **Kuppelraum**, dessen Mittelpunkt der 20 Meter hohe, sorgsam rekonstruierte Altar ist. Links davon findet sich das augenfälligste Schmuckstück der Kirche: eine **Madonna im Strahlenkranz**, 1747 in einer Augsburger Silberschmiede gefertigt. Eine Muttergottes wie aus dem Bilderbuch!

Neu geschaffen wurden neben den kurfürstlichen Logen auch die alten Beichtstühle. Für die im Krieg zerstörte Kanzel fand man in der Heidelberger Karmeliterkirche Ersatz, deren Mitte des 18. Jahrhunderts geschaffene Kanzel man in Mannheims Jesuitenkirche einbaute. Noch original dagegen ist das Orgelgehäuse im Rückraum, das im Krieg splitterfest eingepackt war. Reste der ersten **Orgel** aus kurfürstlichen Zeiten finden

sich in der Chororgel auf der linken Seitenempore. Samstags und sonntags gibt es nach den Gottesdiensten gewöhnlich ein sogenanntes Orgelnachspiel, bei dem Organisten vor allem Bach-Stücke zum Besten geben.

> **Jesuitenkirche**, A4 2, www.jesuiten kirche.de, Öffnungszeiten 9 – 19 Uhr, Gottesdienst: tgl. 18 Uhr, So. zusätzlich 9.30 Uhr, Infotelefon für Führungen: Tel. 0621 30085900

❹ Schillerplatz ★   [C5]

Schräg gegenüber der Jesuitenkirche befindet sich der Schillerplatz. Bis zu seiner Zerstörung im Zweiten Weltkrieg stand an seiner Ostseite das Mannheimer Nationaltheater, dessen Aufführungen **Theatergeschichte** machten. Eine war die Uraufführung von **Friedrich Schillers „Die Räuber"** im Januar 1782. Das Publikumsinteresse an der Aufführung des Dramas war groß, da es bereits ein Jahr zuvor gedruckt erschienen war und wegen der offenen Kritik am damals bestehenden Feudalsystem die Meinungen des Publikums spaltete. Obwohl der Regisseur die Handlung weit in die Vergangenheit zurückverlegte, trat August Wilhelm Iffland, einer der größten Schauspieler damals, in der Rolle des Franz Moor zeitgenössisch gekleidet auf. Kein Wunder, dass die Premiere, der Schiller trotz eines Verbotes persönlich beigewohnt hatte, zum Skandal wurde.

„Das Theater glich einem Irrenhaus, rollende Augen, geballte Fäuste, heisere Aufschreie im Zuschauerraum. Fremde Menschen fielen einander schluchzend in die Arme,

◁ *Barocke Opulenz prägt den Hochaltar der Jesuitenkirche*

Frauen wankten, einer Ohnmacht nahe, zur Tür. Es war eine allgemeine Auflösung wie ein Chaos, aus dessen Nebeln eine neue Schöpfung hervorbricht", schrieb ein Zeitzeuge. Auch Schillers weitere Werke wie sein bürgerliches Trauerspiel „Kabale und Liebe" oder sein republikanisches Trauerspiel „Die Verschwörung des Fiesco zu Genua" wurden im Nationaltheater aufgeführt.

Heute hält ein **Denkmal** in der Südostecke des Schillerplatzes die Erinnerung an den Dramatiker fest. Das bronzene Standbild, ein Werk des deutschen Bildhauers Carl Cauer (1828–1885), wurde 1862 aufgestellt. Es zeigt den Dichter mit einer Manuskriptrolle in der Hand.

❺ Reiss-Engelhorn-Museen ★★★ [C5]

Immer einen Besuch wert sind die Reiss-Engelhorn-Museen, kurz rem genannt. Sie bieten insgesamt 15.000 Quadratmeter Ausstellungsfläche, verteilt auf mehrere Häuser in der Quadratestadt. Mehr als eine Million Objekte, von spektakulären Funden aus der Ur- und Römerzeit bis zu Exponaten der Stadtgeschichte, gehören zum Museumsbestand. In den letzten Jahren haben sich die Reiss-Engelhorn-Museen nicht nur mit ihren Forschungseinrichtungen und Sammlungen, sondern auch mit einigen spektakulären Sonderausstellungen einen Namen gemacht. Zu ihren Einrichtungen gehören unter anderem das Museum Zeughaus mit dem Forum Internationale Photographie (FIP), das Museum Weltkulturen im Gebäu-

▷ *Römische Grabsteine in den Reiss-Engelhorn-Museen*

de gegenüber und das Bassermannhaus für Musik und Kunst mit der Fotogalerie ZEPHYR. Mit dem Peter und Traudl Engelhornhaus soll Ende 2022 ein weiteres Museum hinzukommen.

Dass der Museumsverbund einen Doppelnamen trägt, liegt an zwei Unternehmern. Der eine war **Carl Reiß** (1843–1914), Bürgermeistersohn und erfolgreicher Politiker, der sein gesamtes Vermögen zum Bau eines Museums stiftete. Der andere war der gelernte Chemieingenieur und Industrielle **Curt Engelhorn** (1926–2016), der den von ihm einst geführten Weltkonzern Boehringer für umgerechnet gut neun Milliarden Euro an das Schweizer Pharmaunternehmen Roche verkaufte. Geld genug, um damit das Reiß-Museum mit circa 25 Millionen Euro zu unterstützen. Zum Dank gab man dem Museumsverbund, der heute verschiedene Museen und Forschungseinrichtungen unter einem Dach vereint, schließlich den Doppelnamen Reiss-Engelhorn.

Groß und gewichtig sind seine **kunst- und kulturgeschichtlichen Sammlungen**, die ihre Wurzeln in den Zeiten der Kurfürsten und badischen Großherzöge haben. Diese ließen vieles zusammentragen, was heute in Mannheim gezeigt wird: 600 Gemälde, 16.000 Grafik-Blätter, zahlreiche Skulpturen und rund 1000 reich dekorierte Stücke Frankenthaler Porzellan. Barocke Möbel aus dem 17. und 18. Jahrhundert zeugen von der hohen Kunst des Schreinerhandwerks, das im Jugendstil wieder eine ganz andere Formsprache fand.

Niederländische und flämische Malerei des 17. Jahrhunderts, kurpfälzische des 18. Jahrhunderts und Arbeiten badischer Künstler des 19. Jahrhunderts gehören zur **Gemäldesammlung**, die in wechselnden The-

060mh-gs

menausstellungen immer wieder neu präsentiert wird. Dazu gehören vor allem Porträts und Stillleben, Landschaftsmalerei und religiös motivierte Bilder. Außerdem gibt es eine **theatergeschichtliche Sammlung** und Bereiche, in denen **historische Kostüme und Kleidung** zu Hause sind. Und auch **Mannheims Geschichte** kommt in den Museen nicht zu kurz.

Ältester Museumsbau ist das **Museum Zeughaus,** ein klassizistischer Bau mit schöner Sandsteinfassade im Quadrat C5. Nachdem die Stadt den Bau übernommen hatte, richtete man dort 1908 ein Museum für Natur-, Völkerkunde und Naturgeschichte ein. Es wurde im Zweiten Weltkrieg bis auf die Fassade zerstört und nach seinem Wiederaufbau 1957 dann als Reiß-Museum neu eröffnet. Gleich mehrere Sammlungen sind dort heute zu sehen. „Glanz der Antike" erzählt im Untergeschoss von Griechen, Römern und Etruskern, aber auch von den alten Völkern des Orients bis hin zum Hindukusch – von Hochkulturen, deren Zeugnisse wie Keilschrif-

ten noch heute Bewunderung finden. Von barocken Glanzzeiten zeugt die Sammlung „Kunst für Kurfürsten" und Mannheims Stadtgeschichte lebt in der Schau „Belle Époque" neu auf, zu der auch eines der ersten Automobile aus dem Hause Benz gehört.

Modelle von Bühnenbildern, Theaterkulissen und Kostümentwürfe künden von den Glanzzeiten des Mannheimer Theaterlebens, zu denen auch das Soufflierbuch zur Uraufführung von Friedrich Schillers „Die Räuber" 1782 zählt. Sakrale Pretiosen von der Romanik bis zum Barock zeigt die Schau „Glaubensschätze", die Marienstatuen und Heiligenfiguren des Hofbildhauers Paul Egell (1691–1752), Gemälde, liturgisches Gerät und den eindrucksvollen Rother Altar zeigt, ein Prunkstück aus dem frühen 16. Jahrhundert. Bis Anfang 2023 ist das Haus zudem Hort der großen Sonderschau „Die Normannen", die deren Leben und Alltag vom 8. bis 13. Jahrhundert illustriert.

Freunde der Fotografie kommen ebenfalls im Zeughaus auf ihre Kos-

ten, wo das **Forum Internationale Photographie** in Wechselausstellungen meist historische Aufnahmen zeigt.

Im modernen Bau gegenüber ist das **Museum Weltkulturen** zu Hause. In oft spektakulären Sonderausstellungen zeigt es völker- und naturkundliche Exponate, aber auch einmalige archäologische Zeugnisse von der Steinzeit bis ins frühe Mittelalter. Mit die schönsten stammen aus dem alten Ägypten und der Römerzeit. Hier werden auch wechselnde Mitmach-Ausstellungen gezeigt, die sich vor allem an Familien richten und erlebnisorientiert sind. So führt eine interaktive Schau noch bis Sommer 2023 in „Unsichtbare Welten".

Das **Museum Bassermannhaus** ist ein Glücksort für alle Musikfreunde. Dort entführt die Ausstellung „Musik-Welten" ins Reich der Klänge, in dem Musikinstrumente aus aller Welt zu sehen und hören sind. Das Museum **ZEPHYR – Raum für Fotografie**, das ebenfalls im Bassermannhaus untergebracht ist, legt seinen Fokus auf zeitgenössische Bildkunst. Moderne Glaskunst wird neben Sonderausstellungen ab Ende 2022 im neuen **Museum Peter und Traudl Engelhornhaus** zu sehen sein. Sein Eingang am Toulonplatz wird künftig auch als Zugang zum benachbarten Museum Bassermannhaus genutzt.

❯ Reiss-Engelhorn-Museen, Tel. 0621 2933771, www.rem-mannheim.de, Di.– So. 11–18 Uhr, Eintrittspreise ab 3 €, viele Verbundticketmöglichkeiten. Über die aktuellen Preise und Sonderausstellungen informiert die Website. Museumsshops gibt es im Museum Weltkulturen und im Museum Zeughaus.

❯ Museum Zeughaus, C5

🏛 **2** [C5] **Museum Weltkulturen**, D5

🏛 **3** [C5] **Museum Bassermannhaus für Musik und Kunst**, C4 9

❻ Paradeplatz mit Grupello-Pyramide ★★ **[D5]**

An der Kreuzung der beiden wichtigsten innerstädtischen Achsen, Planken und Kurpfalzstraße, liegt der Paradeplatz. Angelegt im 17. Jahrhundert verdankt er seinen Namen den Truppenparaden, die hier zur Kurfürstenzeit stattfanden. Heute ist er ein beliebter **Treffpunkt** – auch weil sich die wichtigsten Straßenbahnlinien der Stadt hier kreuzen. Schon Mitte des 18. Jahrhunderts entstand am Paradeplatz das erste große Kaufhaus Mannheims. Es wurde im Zweiten Weltkrieg zerstört. An seiner Stelle steht heute das neue **Stadthaus**, das mit seinem Mittelturm die Architektur des alten Kaufhauses aufgegriffen hat. Außer Ratssaal und Stadtbibliothek beherbergt es zahlreiche Läden und Restaurants. **Geschäfte** und ein großes **Kaufhaus** (Galeria) prägen auch die übrigen Seiten des Paradeplatzes.

Sein heutiges Gesicht fand der Platz nach dem Zweiten Weltkrieg, als man ihn wieder so gestaltete, wie er Ende des 19. Jahrhunderts ausgesehen haben soll. Durch die gärtnerische Neugestaltung rückte der **Brunnen** in den Blickpunkt in der Mitte der Anlage, mit kleinen Wegen, die zentral auf ihn zulaufen. **Grupello-Pyramide** wird der Anfang des 18. Jahrhunderts von **Gabriel Grupello** (1644–1730) geschaffene Brunnen aufgrund seiner Form genannt. Grupello war ein flämischer Bildhauer, den der pfälzische **Kurfürst Johann Wilhelm** (1658–1716), im Rheinland besser als Jan Wellem bekannt, an seinem Hof in Düsseldorf angestellt hatte. Dort schuf er nicht nur das zu den Düsseldorfer Wahrzeichen gehörende Reiterdenkmal des Kurfürsten auf dem Marktplatz, sondern auch die Grupello-Pyramide, die Johann Wilhelm schließlich 1743 in Mannheim aufstellen ließ.

Die Pyramide wird als Triumph fürstlicher Tugenden über die Laster des Zeitgeistes interpretiert und diente der Verherrlichung des Kurfürsten und seiner Ehefrauen. So trägt die zentrale Gestalt am Sockel der Pyramide, ein Herrscher mit Krone, Richtschwert und Reichsapfel, eindeutig die Züge Johann Wilhelms. Er verkörpert **Justitia**, die Gerechtigkeit. **Prudentia**, die Weisheit, personifiziert eine Frauenfigur, die in der Rechten den Spiegel der Selbsterkenntnis hält. Kunsthistoriker wollen in ihr Maria Anna sehen, die erste Ehefrau des Kurfürsten. An seine zweite Gattin soll eine weitere Frauenfigur erinnern, die Wasser in Wein gießt und eine Tugend namens **Temperantia**, also Mäßigung, verkörpert. Die **Furtitudo** genannte Tapferkeit symbolisiert eine legendäre Person aus der römischen Frühgeschichte: Gaius Mucius Scaevola, der Rom angeblich aus den Fängen der Etrusker befreite. In Mannheim zeigt er sich mit Schwert und Ketten. Manche glauben in dem Kämpfer Erzherzog Karl zu erkennen, den Neffen Johann Wilhelms.

Im unteren Teil des Brunnens finden sich die **vier Flussgötter** Rhein, Donau, Neckar und Mosel, die stellvertretend für die vier wichtigsten Wasserläufe der Kurpfalz stehen. Weiter oben zeigen sich Krieger mit Trophäen, ganz oben der Sohn des Göttervaters Zeus: Herakles, der für seine unbändige Stärke berühmte griechische Held.

Ganz im Gegensatz zum martialischen Brunnen, dem die vielen Stadttauben besonders an Sommertagen

etwas Friedfertigkeit verleihen, steht auf der Nordostseite des Paradeplatzes ein **Mahnmal** für die fast 2300 von den Nationalsozialisten ermordeten Mannheimer Juden. Es ist ein großer hohler Kubus, dessen vier Scheiben die Namen der Opfer in Spiegelschrift tragen.

Die sogenannte Grupello-Pyramide wird als Triumph der fürstlichen Tugenden über die Laster des Zeitgeists interpretiert

❼ Planken ★★★ [D5]

Mannheim ist das wohl kompakteste Einkaufsparadies im deutschen Südwesten. Viele Hundert Kaufhäuser, kleine und große Fachgeschäfte, Modeboutiquen, Restaurants, Eissalons, Cafés und Dienstleister konzentrieren sich auf nur wenigen Tausend Quadratmetern in der Innenstadt. Die Fußgängerzone wurde aus Anlass der Bundesgartenschau 1975 eingerichtet und erstreckt sich zwischen Paradeplatz ❻ und Wasserturm ⓬. Besonders belebt ist die City am Wochen-

---

KURZ & KNAPP

**„Der Blumepeter" –
ein Mannheimer Original**

So richtig zufrieden sieht er nicht gerade aus, der alte Herr aus Bronze in der Fußgängerzone der Kapuzinerplanken, dem Platz am Anfang der Kunststraße, einer Parallelstraße zu den Planken. Sein Name erinnert daran, dass hier einmal ein Kapuzinerkloster stand. Heute mahnt der Platz an den „Blumepeter", ein bekanntes Mannheimer Original. „Kaaf mer ebbes ab" („Kauf mir was ab"), war einer der Sprüche, mit dem er allabendlich mit frischen Blumen durch die Kneipen Mannheims zog. Gesandt wurde er von seiner Tante, die so seinen Lebensunterhalt zumindest teilfinanzierte, denn der 1875 geborene **Joseph Schäfer**, so sein bürgerlicher Name, hatte wegen schwerer geistiger und körperlicher Behinderungen keine Schule besucht und auch keinen Beruf erlernt. Andererseits war er äußerst schlagfertig und witzig, sein Humor legendär. Mannheims Karnevalisten erinnerten in ihren Vorträgen gern an ihn, ebenso die Lokalzeitung, die noch heute manchmal Geschichten aus seinem Leben veröffentlicht.

---

ende und vor Weihnachten, wenn sich Menschen aus der nahen und weiten Umgebung zum Einkaufsbummel auf den Weg nach Mannheim machen.

Der Name **Planken** stammt aus dem 17. Jahrhundert und bezeichnete angeblich einmal die Eichenpalisaden vor dem Graben, der einst Mannheims Ober- und Unterstadt trennte. Bis ins 18. Jahrhundert hieß die Straße zeitweise auch „Alarmgasse", weil sich auf dem an ihr gelegenen Paradeplatz ❻ im militärischen Ernstfall die Verteidiger der Stadt versammeln sollten. Genau betrachtet sind die Planken heute nur der mittlere Teil einer **Ost-West-Achse**, an die sich auf der einen Seite die Heidelberger Straße, auf der anderen die Rheinstraße anschließt.

Schon im 19. Jahrhundert säumten große Wohn- und Geschäftshäuser die Planken, die um 1900 erstmals asphaltiert wurden. Pferdebahnen aus dem Umland brachten die Menschen schon früh in die Stadt, später die elektrische Straßenbahn. In den 1930er-Jahren wurde die Straße begradigt und verbreitert, war sie doch als Magistrale einer neuen Verkehrsachse vom Ende der Reichsautobahn über die Augustaanlage bis zum Rheinhafen geplant.

Verheerend für die Planken war der **Zweite Weltkrieg**. Kaum ein Gebäude überstand das Bombardement schadlos. Schon bald aber wuchsen aus der Trümmerlandschaft Neubauten, deren Läden in den 1950er- und 1960er-Jahren vom deutschen Wirtschaftswunder profitierten. 1975 wandelte man die Planken in eine **Fußgängerzone** um, was der Einzelhandel anfangs mit Sorge sah. Die Kunden aber freuten sich über das neue Einkaufserlebnis und schlendern noch immer gern über die Einkaufsmeile, die unlängst mit modernen Sitzgelegenheiten und Leuchten versehen wurde. Fußgängerfreundlicher will man auch die parallel verlaufende Fressgasse und die Kunststraße gestalten. Beide sind durch Passagen mit den Planken verbunden, die jedem schlechten Wetter trotzen und mit ihren Klimaanlagen auch im Hochsommer für angenehmes Einkaufen sorgen.

Heute bestimmen vor allem Markenartikler die Kernzone der City. Eines der schönsten Einkaufserlebnisse bietet das **Traditionskaufhaus Engelhorn** (s. S. 77), das 1890 eröffnete. Heute kann man hier unter anderem auch Gourmetküche genießen und Änderungsschneidern bei ihrer Arbeit zusehen. Zu den Prunkstücken des Kaufhauses gehört sein Sportgeschäft, das Profi- und Freizeitsportler mit einer Kletterwand über mehrere Etagen lockt.

Zwischen den Kaufhäusern und Geschäften an den Planken finden sich auch immer wieder Restaurants, Fast-Food-Läden, Cafés und Eissalons wie das **Fontanella** (s. S. 72), das fast zu jeder Jahreszeit eine gefragte Adresse ist. Angeblich wurde hier 1969 das Spaghetti-Eis erfunden.

❽ Marktplatz ★★★ [D4]

Für viele Mannheimer ist er noch immer das Herz der Stadt: der Marktplatz mit dem Marktbrunnen. Das liegt nicht nur an seiner zentralen Lage, sondern vor allem an den dreimal wöchentlich stattfindenden Markttagen, wenn viele Dutzend Händler ihre Stände mit Blumen, Gemüse, Obst und anderen Lebensmitteln aufstellen. Dann kann es auf dem sonst weiten Platz auch einmal enger werden. Für Flair sorgen auch viele Brautpaare, befindet sich doch Mannheims Standesamt ebenfalls am Marktplatz.

Schon bald nach der Stadtgründung 1607 entwickelte sich der Marktplatz zum Mittelpunkt Mannheims. Diesen Rang festigten im frühen 18. Jahrhundert der Bau des Rathauses und der katholischen Pfarrkirche Sankt Sebastian, die man als barocken Doppelbau mit einem zentralen Glockenturm anlegte. „Justitiae et Pietati" (Gerechtigkeit und Frömmigkeit) steht deshalb auch in großen Lettern über den Gebäuden.

Lange Zeit war der Marktplatz auch Gerichtsort, auf dem gelegentlich Hinrichtungen stattfanden. Tausende drängten sich im Vormärz bei politischen Kundgebungen auf dem Platz und auch die Nationalsozialisten nutzten ihn zu spektakulären Aktionen wie Bücherverbrennungen. Noch heute ist der Marktplatz Kulisse für Demonstrationen aller Art, was auch an seiner guten Anbindung an das öffentliche Verkehrsnetz und der seit den späten 1970er-Jahren existierenden Tiefgarage unter dem Platz liegt.

Sein Gesicht prägt das Ensemble aus **altem Rathaus** und der **Pfarrkirche Sankt Sebastian**. Das Gotteshaus gilt als das älteste der Stadt und wurde vor Vollendung der Schlosskirche ❷ vom Kurfürsten als Hofkirche genutzt. Gegen seinen Bau, der im Jahr 1706 begann, stemmten sich die Protestanten, die mit ihren Steuergeldern kein Gotteshaus neben dem Rathaus finanzieren wollten.

Im Lauf der Jahre wurde die Kirche immer wieder umgebaut und dem Zeitgeist entsprechend ausgestattet. Verhältnismäßig glimpflich kam Sankt Sebastian im **Zweiten Weltkrieg** davon, sodass das Gotteshaus sich noch 1945 als Notkirche mit religiösem Leben füllte. Schlimmer traf es die meisten anderen Bauten am Marktplatz, alte Häuser aus der Barockzeit oder klassizistische Bauten, die im Bombenhagel zerstört wurden und nach dem Krieg durch einfache Zweckbauten ersetzt wurden.

Während das **Rathausportal** zwei Atlanten zieren, die an Atlas, den das Himmelsgewölbe stützenden Titanen aus der griechischen Mythologie erinnern, ist der **Kircheneingang** mit Engeln geschmückt. Im Inneren, geprägt vom Chor, dem Mittel- und zwei Seitenschiffen, ist vieles aus der ursprünglichen Kirche nicht mehr vorhanden. Den barocken Hochaltar verkauften die Mannheimer 1879 an ein großes Berliner Museum. An seiner Stelle steht heute ein **Holzrelief mit der Marienkrönung**. Von seinem Schöpfer Karl Baur stammen auch zahlreiche geschnitzte Heiligenfiguren wie Johannes, Paulus, Petrus oder der Kirchenpatron Sebastian.

Zu den ältesten Teilen der Kirche zählen die Kommunionsbank aus marmoriertem Sandstein, die Seitenaltäre und die Weihwasserbecken an den Eingängen, allesamt aus dem 18. Jahrhundert. Ebenfalls aus dieser Zeit stammen die Glocken, die heute im gemeinsamen Besitz von Stadt und Pfarrgemeinde sind und symbolisch zwischen der Kirche und dem altem Rathaus hängen, das heute als **Standesamt** dient.

Inmitten des Marktplatzes steht der **Marktplatzbrunnen.** Ursprünglich wurde er von einem Schüler des Düsseldorfer Bildhauers Gabriel Grupello für den Schlossgarten in Heidelberg geschaffen. Nach der Verlegung seines Amtssitzes nach Mannheim ließ der Kurfürst den Brunnen in seiner Sommerresidenz in Schwetzingen aufstellen. Schließlich aber war er die Figurengruppe leid und ließ sie umgestalten, um sie 1769 der Stadt

△ *Wochenmarkt auf dem Marktplatz* (s. S. 79)

Mannheim zu schenken. Die Figuren, die anfangs die vier Elemente Wasser, Feuer, Luft und Erde symbolisierten, wurden neu interpretiert. So verwandelte sich der Wassergott zum **Vater Rhein**, die Erde zur **Schutzgöttin Mannhemia** und der Luftgott zum **Handelsgott Merkur**, der das Feuer als goldene Sonne weiter in seiner Hand hielt. Löwenköpfe und Putten zieren die vier Seiten des Sockels, der hinter einem Schutzzaun steht.

❾ Herschelbad ★   [E4]

Zu den **Pretiosen des Jugendstils** in Mannheim gehört das Herschelbad im Quadrat U3. Das Hallenbad besitzt gleich drei Schwimmhallen, von denen allerdings nur die große Halle Besuchern zum Baden offensteht. Zu verdanken ist das Badehaus dem jüdischen Tabakgroßhändler und Stadtrat **Bernhard Herschel** (1837–1905), der

der Stadt sein Vermögen für den Bau eines Volksbads in der Altstadt vermachte. 1920 war es fertig, nachdem man lange nach einem passenden Grundstück gesucht hatte. Außer den drei Schwimmhallen – Frauen-, Männer- und Volksbad – und Wannenbädern hatte es bereits eine Wellenanlage – damals eine Seltenheit. Um den Namen des jüdischen Stifters auszulöschen, benannte man das Bad in nationalsozialistischer Zeit in „Städtisches Hallenbad" um. 1950 erhielt es aber wieder seinen alten Namen.

Im Zweiten Weltkrieg wurde das Bad schwer zerstört. Während man seine neobarocke Fassade nach dem Krieg fast originalgetreu wieder aufbaute, musste man bei der Ausgestaltung des Inneren aus finanziellen Gründen Abstriche machen. Erhalten blieben das einstige **Männerbad** und das kleine, im Südostflügel gelegene ehemalige **Volksbad**, das heute dem

„Klein-Istanbul"

Während sich die Südostseite des Marktplatzes ❽ mit Kirche und Rathaus in barocker Pracht zeigt, herrscht auf der Nordwestseite multikulturelles Leben, beginnt in den Straßen dahinter doch das Stadtviertel, das viele „Klein-Istanbul" nennen. Hier haben sich die Nachfahren der türkischen Gastarbeiter, die einst mit zum deutschen Wirtschaftswunder beitrugen, ihre eigene Welt mit Restaurants, Bars und Läden geschaffen. Juweliere reihen sich an Geschäfte für Brautmoden. Angeblich kommen ihre Kunden sogar aus dem Elsass und Luxemburg zum Einkaufen.

Fast die Hälfte der Einwohner Mannheims haben einen Migrationshintergrund, in „Klein-Istanbul" sind es annähernd zwei Drittel. Kein Wunder,

dass die Straßen nahe des Marktplatzes ein anderes Gesicht als der Rest der Stadt haben. Ein bisschen fühlt es sich an wie auf einem Basar, nur dass man um Preise hier nicht feilscht. Überbordend sind die Auslagen in den Lebensmittelläden, wo sich Obst und Gemüse in kleinen Kisten türmen. Und alle paar Schritte lockt ein Café zur Mokka-Pause. Halva gibt es an allen Ecken, die süßen Stücke aus Sesambrei, Honig und Zucker. Gern werden sie mit Nüssen, Mandeln, Rosenblüten oder Pistazien verfeinert, da hat jeder Anbieter sein eigenes Rezept. Andere schwören auf Baklava, eine Blätterteig-Leckerei mit nussiger Füllung aus Pistazien, die bei keinem türkischen Familienfest fehlen darf.

Vereins- und Schulschwimmen dient. Der schönste Teil des Bades ist das **Frauenbad** mit seiner **Glaskuppel**, das heute Schwimmkurse und Saunagäste nutzen. Die auffällig große Ausbuchtung des Beckens war ursprünglich für Nichtschwimmerinnen vorgesehen. Schließlich waren die Frauen, die nicht schwimmen konnten, in der Entstehungszeit des Bades in der Mehrzahl.

> Herschelbad, U3 1, Tel. 0621 2937116, www.mannheim.de/de/service-bieten/ sport/schwimmbaeder/herschelbad, Mo. 13–21, Di.–Mi. 6.15–21, Do.–Sa. 8–21, So. 9–20 Uhr, 4 €, Abendtarif (ab 18 Uhr) 2,50 €

Das erste Fahrrad fuhr in Mannheim

Es war ein Junitag im Jahr 1817, als Karl Friedrich Christian Ludwig Freiherr Drais von Sauerbronn seine Laufmaschine aus Holz vorstellte – mit knapp 25 Kilogramm kaum schwerer als heute ein stabiles Hollandrad. Hunderte von Mannheimern sahen ihm damals zu, wie er von seinem Haus Nr. 8 im Quadrat M1 auf dem Rad Richtung Schwetzingen fuhr. Vorder- und Hinterrad seiner Laufmaschine waren gleich groß, doch statt in Pedale trat der Fahrer auf die Straße, von der er sich mit seinen Füßen abwechselnd abstieß – elegant gekleidet auf einem Ledersattel sitzend, die Unterarme auf ein Brett stützend und in den Händen ein Lenker aus Holz. Kutscher überholter Fuhrwerke verfluchten den Raser und Kinder, die ihn verfolgten, gaben angesichts seines Tempos ihre Jagd schnell wieder auf. Schließlich war seine Art der Fortbewegung völlig neu. Doch dem Erfinder brachte seine Neuentdeckung weder Glück noch Reichtum.

Drais wurde 1785 in Karlsruhe geboren. Großherzog Karl Friedrich von Baden war sein Taufpate, der auch dafür sorgte, dass Drais Forstbeamter wurde. Doch der Job machte Drais wenig Spaß, war er doch Bastler und Tüftler aus Leidenschaft. Schon im Oktober 1813 hatte er seinen Landes- und Dienstherren deshalb um Geld für die „Erfindung einer Fahrmaschine ohne Pferd" gebeten. Der aber lehnte dies ab. Nichtsdestotrotz stellte Drais schon wenig später seine erste Fahrmaschine vor: „ein Wagen auf vier Rädern, der ohne Pferd läuft". Als Meilenstein der Mobilitätsgeschichte pries er seine Neuentdeckung: „Wenn der Wagen nur gleich-schnell, als mit einem Pferde, läuft: so können mit ihm wohlfeilere, auch weite Reisen gemacht werden."

Nach seinem Umzug nach Mannheim präsentierte Drais schließlich an einem Sommertag 1817 sein Laufrad, das er vom nahe dem Schloss gelegenen Haus seiner Eltern auf einer vom Kurfürsten damals angelegten Straße Richtung Schwetzingen lenkte. „Die Hauptidee der Erfindung [...] besteht in dem einfachen Gedanken, einen Sitz auf Rädern mit den Füßen auf dem Boden fortzustoßen", beschrieb ein Wochenblatt die Neuerfindung, die heute als Urtyp des Fahrrads gilt. Um sie noch bekannter zu machen, organisierte Drais weitere öffentliche Ausfahrten. Gleichzeitig bemühte er sich in einem Schreiben an den Großherzog um ein Patent auf sein Rad, das aber erst im Januar 1818 bewilligt wurde. Doch das badische Patent schützte ihn nicht vor Nachbauten außerhalb des Landes. Noch nämlich gab es kein allgemeines Urheberrecht. Ideenklau war an der Tagesordnung.

Drais blieb so ein armer Mann, der im schnellen Rausch und billigen Frau-

⑩ Konkordienkirche ★ [D5]

Östlich vom Markt findet sich die Konkordienkirche mit dem **höchsten Kirchturm Mannheims**. Schon früh stand an dieser Stelle eine hölzerne Kirche der französisch-reformierten Gemeinde. 1684 wurde sie abge-

rissen und durch eine Doppelkirche ersetzt. In der kamen gleich zwei reformierte Gemeinden unter, die den Kirchturm gemeinsam nutzten. Nur wenige Monate nach seiner Fertigstellung wurde das Gotteshaus allerdings im Rahmen des Pfälzischen Erbfolgekriegs von französischen Soldaten gesprengt.

Anfang des 18. Jahrhunderts erfolgte der Neubau, der bescheidener als der Vorgängerbau ausfiel. Doch auch dieser Kirche war kein langes Leben beschieden, setzten sie doch Ende des Jahrhunderts französische Revolutionstruppen in Brand. Danach wurde nur noch ein Flügel aufgebaut, der schließlich den Namen Konkordienkirche erhielt. Die Ruine der zweiten Kirche wurde abgebrochen und durch ein Schulgebäude ersetzt. Sein heutiges Gesicht fand der Bau erst Anfang des 20. Jahrhunderts.

enbekanntschaften Trost suchte. Auf Anraten seines Vaters, der schmerzlich mit ansehen musste, wie das gesellschaftliche Ansehen seines Sohnes immer mehr schwand, wanderte er schließlich nach Brasilien aus, um dort als Landmesser Geld zu verdienen. Im Juni 1827 aber war der Junggeselle wieder zurück. Es folgte der weitere gesellschaftliche Abstieg, den der Tod des Vaters im Februar 1830 beschleunigte.

Ende 1832 machte ihm der Staat seine Pension streitig, die er vor Gericht verteidigen musste. Gemobbt und gedemütigt verwahrloste er immer mehr – bis der Staat ihn gar zu entmündigen suchte. So nannte ihn der Amtsarzt einen „Halbnarren" und diagnostizierte: „bei einer sehr beschränkten Fassungs- und Urteilskraft hält er sich für eine große Genialität und trägt sich insbesondere fortwährend mit der fixen Idee, große wichtige oder gemeinnützige Erfindungen zu machen, herum und verwendet Zeit und Geld an seine meist läppischen und unsinnigen Pläne". Mittellos und schwer krank starb Drais am 10. Dezember 1851. Seine der Nachwelt überlassene Laufmaschine, die im Fahrrad schließlich perfektioniert wurde, taxierte man im Nachlass auf heute umgerechnet gut 20 Euro. Ein Nachbau der Laufmaschine findet sich im Mannheimer TECHNOSEUM ㉑. Wer will, kann dort mit dem Gefährt sogar die eine oder andere Runde drehen.

Nach schweren Beschädigungen im Zweiten Weltkrieg wurde die Kirche in ihrem Inneren ganz schlicht und modern neugestaltet. Nahezu unversehrt überstand der **neobarocke Turm** mit seinen knapp 87 Metern Höhe das Bombardement. Lange Zeit beherbergte er Wanderfalken, deren Treiben man mithilfe einer Web-Kamera verfolgen konnte. Im Jahr 2021 hat sich dort ein **Uhu-Pärchen** eingenistet und die Wanderfalken vertrieben. Da eines der beiden Tiere mit einem Chip versehen war, konnte man feststellen, dass der Uhu im katholischen Speyerer Dom geschlüpft war. „Ein konvertierter Uhu ist der beste Uhu der Welt", kommentierte die evangelische Gemeindepfarrerin gut gelaunt den Neuzugang gegenüber Reportern.

❯ **Konkordienkirche**, R2 2, Mo.–Sa. 11–15 Uhr, Gottesdienst So. 11 Uhr

Oststadt

Östlich der Innenstadt mit ihren Quadraten und durch die Seckenheimer Straße von der Schwetzingerstadt getrennt liegt die vom Neckar begrenzte Oststadt. Sie ist ein stark bürgerlich geprägter Stadtteil, in dem sich einige der wichtigsten Sehenswürdigkeiten Mannheims finden – allen voran der **Wasserturm** ⑫, das Wahrzeichen der Stadt. Er steht auf dem **Friedrichsplatz** ⑪ mit seinen vom Jugendstil geprägten Grünanlagen. Die Belle Époque zeigt sich auch an der Front des benachbarten **Congress Center Rosengarten** ⑬ und in der alten **Kunsthalle** ⑭, der ihr moderner Anbau inzwischen allerdings architektonisch die Schau gestohlen hat.

Unweit des Friedrichsplatzes finden sich auch zwei wichtige Gotteshäuser. Zum einen die katholische **Heilig-Geist-Kirche**, Anfang des letzten Jahrhunderts im neogotischen Stil erbaut und vor hundert Jahren noch Sitz der größten Pfarrei im Erzbistum Freiburg. Ihr Gegenstück auf der anderen Seite des Friedrichsplatzes ist die evangelische **Christuskirche** ⑮. Von ihr ist es nicht weit zum Mannheimer **Nationaltheater** ⑯. Nur ein paar Schritte weiter liegt der **Luisenpark** ⑳, eine der ersten Freizeitadressen der Mannheimer.

Vom Friedrichsplatz führt die **Augustaanlage** ⑰ am **Mannheimer Kunstverein** ⑱ vorbei zum Europaplatz. Er ist Mannheims Eingangstor aus Richtung Heidelberg. In seinem Umfeld finden sich mit dem **TECHNOSEUM** ㉑ und dem **Planetarium** ⑲ zwei weitere Sehenswürdigkeiten. In

▷ Mannheims Wahrzeichen: der Wasserturm

der Oststadt, auch heute noch ein Viertel der eher besser Verdienenden, trifft der Stadtbummler zudem auf zahlreiche Villen und Häuser aus Belle Époque und Gründerzeit – etwa in der Werder- oder Lameystraße.

⑪ Friedrichsplatz ★★ [F6]

Der Friedrichsplatz ist so etwas wie die Pforte zur Quadratestadt. Er wurde Ende des 19. Jahrhunderts als Park angelegt. Zuvor nutzte man das Gelände als Viehweide, außerdem war es Schauplatz der ersten großen Pferderennen oder auch Hinrichtungsstätte wie für den Mörder von August von Kotzebue, Karl Ludwig Sand. Den Weg für die Neugestaltung des Areals machte schließlich der Bau des Wasserturms ⑫ frei. Denn damit hatten sich alle Pläne erledigt, die Planken ❼ über den heutigen Friedrichsplatz Richtung Heidelberg zu verlängern.

Der nach **Großherzog Friedrich I. von Baden** (1826–1907) benannte Platz sollte dem Wasserturm, der schnell die Herzen der Mannheimer erobert hatte, einen würdigeren Rahmen verschaffen. Fast gleichzeitig entstanden an seinen Rändern noch heute sehenswerte Arkadenhäuser, der Rosengarten ⑬, Mannheims erster großer Festsaal, und die alte Kunsthalle ⑭. Zusammen bildeten sie eines der schönsten Jugendstil-Ensembles im deutschen Südwesten, auch wenn Kritiker in der Parkanlage eher neobarocke Elemente erkennen wollen.

Seiner Popularität hat die architektonische Diskussion jedenfalls nicht geschadet. Noch immer ist der Friedrichsplatz, der im Dritten Reich Adolf-Hitler-Platz hieß, **einer der attraktivsten Treffpunkte in der Stadt**. Das liegt sicher auch an den vielen Sitzgelegenheiten und zu kleinen Pausen einladenden Rasenflächen, vor allem aber an der großen **Wassertreppe**, die in einer Brunnenanlage mit Fontänen mündet und an heißen Sommertagen besonders viel Zuspruch findet – auch abends, illuminieren die Wasserspiele doch gewöhnlich von Anfang April bis Mitte Oktober von Freitag bis Sonntag 84 LED-Lampen. Besonders romantisch geht es auf dem Friedrichsplatz auch vor dem Jahreswechsel zu, wenn der Weihnachtsmarkt zu Füßen des Wasserturms mit seinen vielen Buden und Glühweinständen lockt.

12 Wasserturm ★★★ [F6]

Auf der höchsten Stelle des Friedrichsplatzes erhebt sich Mannheims Wahrzeichen. Der Wasserturm ist die angeblich meistfotografierte Sehenswürdigkeit der Stadt und für alle, die über die Augustaanlage in die Stadt kommen, auch ihre Visitenkarte. „Ein Hauch des Zeitlosen im Gewand der Antike", hat ein Journalist den Wasserturm einmal genannt. Mehr als 50 Meter ragt er in die Höhe, gekrönt von einer Statue der Amphitrite, der Gattin des Meeresgottes Poseidon. Von der Terrasse des Turms öffnet sich Besuchern ein einmalig schöner Blick auf die Wassertreppe und die Brunnenanlage des Friedrichsplatzes. Ein Bild, das zahllosen Hochzeitsfotos als Kulisse dient.

Seinen Bau verdankt der Turm dem einstigen **Wassermangel** in der Stadt. Die wenigen Brunnenpumpen Mannheims lieferten Jahrhunderte lang nämlich meist nur minderwertiges Nass, sodass sich die Kurfürsten ihr Wasser täglich mit einem Wagen aus einem Heidelberger Brunnen liefern ließen. Schließlich veranlasste die

Stadt Grundwasserbohrungen weiter außerhalb, bei denen man im Käfertaler Wald fündig wurde. Deshalb beschloss man, dort mithilfe von Dampfmaschinen Wasser hochzupumpen und nach Mannheim zu leiten. Als Endstation hatte man die Stelle des heutigen Wasserturms im Auge, die logistisch ideal in der Mitte zwischen Altstadt und neu zu erschließender Oststadt lag. Auch technisch war alles klar: So hatten die Bauingenieure für den Wasserturm ein **Fassungsvermögen von 2000 Kubikmetern** vorgegeben. **36 Meter über dem Straßenniveau** sollte der neue Wasserspiegel liegen, damit künftig auch fünfstöckige Häuser in der Stadt gut versorgt werden konnten.

Aussehen und Gestaltung des Wasserturms sollte 1885 ein Architekturwettbewerb klären, an dem sich 74 Architekten aus ganz Deutschland beteiligten. Den überraschenden Zuschlag erhielt ein Twen aus Stuttgart: **Gustav Halmhuber** (1862–1936), der Preisgeld und – mit einigen Änderungswünschen – auch den Auftrag zur Realisierung des Baus erhielt. Sein Vorschlag war keine dekorierte Eisenkonstruktion wie sie die meisten der eingereichten Entwürfe vorsahen, sondern ein steinerner Koloss mit innenliegendem Wasserspeicher, von dem man sich in Mannheim auch eine gewisse Außenwirkung versprach.

Knapp 200.000 Mark sollte der Bau kosten, mit dem man im Dezember 1886 begann. Die weiteren Arbeiten standen aber unter keinem guten Stern, war der Architekt Halmhuber inzwischen doch auch mit Arbeiten am neuen deutschen Reichstag in Berlin beauftragt worden – und die waren ihm offensichtlich wichtiger als der Mannheimer Wasserturm. Kein Wunder, dass die Stadt deshalb den erfahrenen Ingenieur Oskar Smreker (1854–1935) mit der Bauleitung beauftragte. Dem Ingenieur war die Technik wichtiger als die Gestaltung des Turms, weshalb er dem Architekten immer wieder mit Sparvorschlägen kam – etwa mit dem Verzicht auf die dekorative **Freitreppe**, heute eines der Alleinstellungsmerkmale des Turms. Trotzig brach Halmhuber schließlich den Kontakt zur

Stadt ab, die ihm mit dem Gerichtsvollzieher drohte, wenn er die Baupläne nicht rausrückte. Erst im Oktober 1888 übergab er die letzten Bauzeichnungen. Zu einem Zeitpunkt, als man parallel schon mit der Verlegung der Wasserleitungen in der Quadratestadt begonnen hatte. Für Ärger sorgten zudem die am Bau des Wasserturms beteiligten Firmen, sodass sich die Arbeiten immer wieder verzögerten und die Kosten mehr als verdoppelten. 404.393 Mark lautete letztlich der Baupreis – heute umgerechnet gut drei Millionen Euro.

Im August 1889 war der Wasserturm schließlich fertig und gut zweitausend Haushalte an die neue Wasserversorgung Mannheims angeschlossen. Architektonisch war er ein Prunkstück aus **gelbem Pfälzer Sandstein** mit aufwendiger Freitreppe samt **Aussichtsterrasse** und einem **Turmhelm**, den die Meeresnymphe Amphitrite krönte. Sie entstammte der griechischen Mythologie und verkörperte, wie auch ihr Gatte Poseidon, die Macht über das Meer – und damit auch über das Wasser, weshalb man ihre Statue auf die Spitze des Wasserturms setzte. Putten, Sphinxen und Tritonen – Mischwesen, die als Söhne des Poseidon und seiner Gattin Amphitrite angesehen wurden – gehörten zum Zierrat des Turms und wurden zum Teil in luftiger Höhe angebracht. Im Inneren steckte ein Behälter mit 2000 Kubikmetern Fassungsvermögen und einem Durchmesser von über 16 Metern.

Im **Zweiten Weltkrieg** wurde der Turm schwer beschädigt, sein Dach samt östlichem Vorbau komplett zerstört. Der Wasserbehälter war schnell wieder repariert, etwas länger dauerte die Überdachung. Es war eine Notlösung mit einem Flach- anstelle des

Helmdachs. Mitte der 1950er-Jahre entbrannte eine Diskussion um die Zukunft des Wasserturms. Die einen wollten ihn komplett abreißen, die anderen ganz neu und modern gestalten. Die Stadt plante zudem, das Volumen des Wasserturms um 1000 Kubikmeter zu vergrößern, wofür man den Turm hätte erhöhen müssen. Auch ein Drehrestaurant war damals im Gespräch.

Die Mannheimer wollten ihren Wasserturm aber so wiederhaben, wie er einmal war. Da die Amphitrite im Krieg zerstört wurde, setzte man nach gründlicher Renovierung erst einmal einen Fahnenmast auf den Turm, bis man einen Künstler fand, der die Wassergöttin auf einem Fisch stehend und den Dreizack haltend neu schuf. Es war die Krönung aller Renovierungsarbeiten nach dem Zweiten Weltkrieg. Seine Funktion allerdings hatte der Turm schon lange verloren. So wurde er nur noch als Reservehochbehälter genutzt. Zur Jahrtausendwende aber war auch dieses Kapitel Geschichte und Mannheims Wahrzeichen von der städtischen Wasserversorgung endgültig entbunden.

⑬ Congress Center Rosengarten ★ [F6]

Der Rosengarten an der Nordseite des Friedrichsplatzes ist ein modernes **Veranstaltungszentrum** in historischem Ambiente. Das Prunkstück **im Jugendstilkleid** wurde kurz nach der Wende ins 20. Jahrhundert als städtische Festhalle errichtet und bot mit dem Nibelungensaal einen der größten Säle (3600 Sitz- und 1400 Stehplätze) im Kaiserreich. Jehudi Menuhin, Herbert von Karajan, Louis Armstrong und Shirley Bassey gehörten zu den Musikikonen, die im Rosen-

garten Station machten. Glanzvoll in Erinnerung blieb auch ein SPD-Parteitag 1906, dem August Bebel, Friedrich Ebert, Rosa Luxemburg und Karl Liebknecht ihren Stempel aufdrückten.

Im Zweiten Weltkrieg schwer zerstört wurde der Rosengarten erst lange nach Kriegsende wieder als gute Stube Mannheims hergerichtet. So setzte man hinter den historisch rekonstruierten Vorderbau einen Koloss aus Stahlbeton, den man im ersten Jahrzehnt dieses Jahrtausends mit neuen Gebäuden ummantelte und so neue Veranstaltungsflächen gewann. Der von der **m:con – mannheim:congress GmbH** betriebene Rosengarten ist inzwischen eines der populärsten Kongresszentren im deutschen Südwesten. Besonders geschätzt unter Orchestermusikern ist der **Mozartsaal**, der mehr als 2000 Besuchern Platz bietet. Insgesamt bietet das m:con Congress Center Rosengarten heute 44 technisch bestens ausgestattete Räume mit einer Gesamtfläche von rund 22.000 Quadratmetern, in denen bis zu 9000 Tagungsteilnehmer unterkommen können. 1400 Parkplätze stehen in den drei Parkhäusern in unmittelbarer Nähe zur Verfügung.

❯ **Congress Center Rosengarten**, Rosengartenplatz 2, Tel. 0621 4106100, www.mcon-mannheim.de

⑭ Kunsthalle ★★★ [E6]

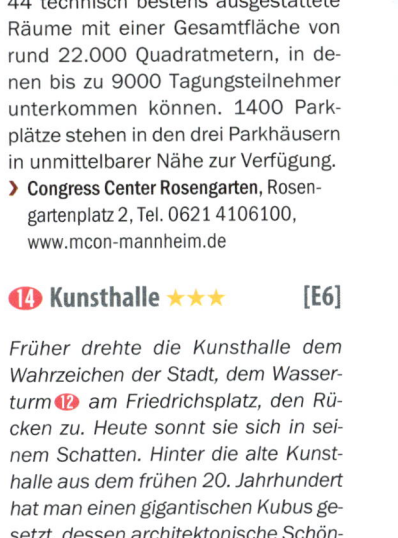

Früher drehte die Kunsthalle dem Wahrzeichen der Stadt, dem Wasserturm ⑫ am Friedrichsplatz, den Rücken zu. Heute sonnt sie sich in seinem Schatten. Hinter die alte Kunsthalle aus dem frühen 20. Jahrhundert hat man einen gigantischen Kubus gesetzt, dessen architektonische Schön-

heit schon allein eine Stippvisite wert ist. Fenster, die viel Tageslicht einlassen, Brücken und breite Treppen prägen den Tempel moderner Kunst, der nicht nur zum Betrachten, sondern gern auch zu politischer Auseinandersetzung einlädt. Kein Wunder, dass die Kunsthalle inzwischen zu den Top-Five-Sehenswürdigkeiten aller Mannheim-Besucher zählt. Appetit auf ihren Besuch macht die sogenannte Collection Wall im frei zugänglichen Atrium, wo sich ein Großteil der Kunstobjekte des Museums schon mal auf einem Bildschirm betrachten lässt.

Die Anfänge der Kunsthalle liegen im Jahr 1901, als eine Kunstmäzenin eine große Geldsumme zum Bau eines Museums zur Verfügung stellte. Dies war die Initialzündung, die schließlich zum Bau eines damals sehr modernen zweiflügeligen Galeriebaus mit einem zentralen Treppenturm führte, einem **Prunkstück des Jugendstils aus rotem Sandstein.**

Die Kunsthalle fühlte sich von Anfang an **der Moderne verpflichtet.** Malern wie Édouard Manet, von dem auch das vielleicht berühmteste Bild der Kunsthalle stammt: „Die Erschießung Kaiser Maximilians von Mexiko". Es ist eines der wichtigsten Historienbilder der Kunstgeschichte, angekauft für 90.000 Goldmark. Es folgten weitere Gemälde der französischen Moderne von Eugène Delacroix, Jean-Baptiste Camille Corot, Claude Monet, Pierre-Auguste Renoir und Paul Cézanne. Aber auch deutsche Maler wie Anselm Feuerbach, Max Liebermann, Lovis Corinth, Max Slevogt und Ludwig Thoma standen auf der Mannheimer Einkaufsliste. Dazu baute man ab 1912 eine grafische Sammlung auf, die heute rund 34.000 Blätter vom 15. Jahrhundert bis zur Gegenwart zählt. Drit-

tes Standbein des Museums waren schließlich Skulpturen, zu denen Arbeiten von Wilhelm Lehmbruck oder Auguste Rodin gehörten.

1925 zeigte die Kunsthalle in der stilbildenden Ausstellung „Die neue Sachlichkeit. Deutsche Malerei nach dem Expressionismus" unter anderem Werke von Georg Grosz, Max Beckmann und Otto Dix. Einzelausstellungen galten Malern wie Edvard Munch, James Ensor oder Otto Kokoschka.

In der **nationalsozialistischen Ära** gerieten viele Bilder in Verruf und wurden 1937 als „entartete Kunst" staatlich beschlagnahmt. 91 Gemälde, von Ensor bis Chagall, acht Plastiken und fast 500 Aquarelle, Zeichnungen und Grafiken verschwanden, von denen nur ein kleiner Teil nach Ende des Zweiten Weltkriegs nach Mannheim zurückkehrte.

Auch nach 1945 blieb die Kunsthalle der aktuellen modernen Kunst wohlgesonnen. **Plastik und informelle Malerei** rückten anfangs in den Mittelpunkt der Ausstellungs- und Ankaufspolitik, verbunden mit Namen wie Francis Bacon oder Hans Arp. Ein neues Denken im Kunstbetrieb zeigte sich im Abschied von der bis dahin strikten Trennung der Kategorien wie Malerei, Plastik, Grafik, Video, Film und Fotografie. In neuer Reihung ergaben sich für den Betrachter jetzt ganz neue Perspektiven, deren angemessene Präsentation im alten Museumsbau aber nicht mehr zu leisten war, sodass man sich für einen Neubau hinter dem mehr als hundertjährigen Jugendstilbau entschied, der 1983 die Nutzfläche der Kunsthalle um zwei Drittel erweiterte. Er bot Platz für spektakuläre Ausstellungen, die oft in Kooperation mit anderen europäischen Museen entstanden.

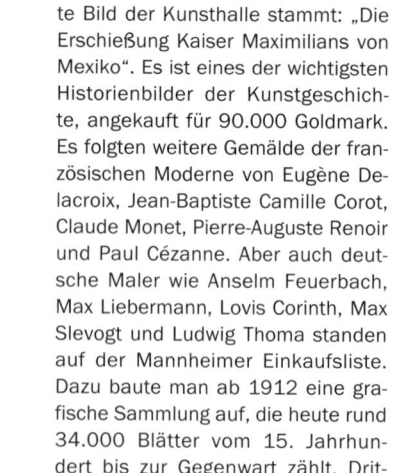

Die Realisierung des **Neubaus** ermöglichte eine 50-Millionen-Euro-Spende des SAP-Mitbegründers Hans-Werner Hector, die restlichen knapp 20 Millionen finanzierten Stadt, Land und weitere Sponsoren. Den neuen Museumsbau prägt ein **hohes Atrium**, um das sich über drei Etagen 13 Kuben reihen, die über Brücken, Stege und Treppen miteinander verbunden sind. Lichtdurchflutete Räume sind es oft, bestückt mit Skulpturen, Videowalls, Malereien, Objekten und Fotografien – mit Kunst, die für unser heutiges Leben relevant sein will. So wie die an einem langen Seil kreisende Bahnhofsuhr samt Stein in der Mitte der neuen Kunsthalle. „Die bewegte Leere des Moments" hat die Berliner Künstlerin Alicja Kwade ihre Installation benannt.

Feste Routen, wie sie andere Museen dem Besucher gern zuweisen, gibt es in Mannheim nicht. Jeder Raum wirkt anders, ist mal mit riesigen Bildern verschneiter Hochgebirgsgipfel von Anselm Kiefer bestückt oder nur mit einem winzigen Abend-Bild von Caspar David Friedrich. Das soll den Blickwinkel neu schärfen und oft auch den Betrachter politisch herausfordern. So wie bei den Werken des Südafrikaners William Kentridge, dessen Documenta-Arbeit „The Refusal of Time" eine Installation aus Klängen und Videobildern ist. Im Schaudepot dagegen drängen sich die Kunstwerke, die gerade nicht in ein Themenfeld passen: Arbeiten von Oscar Kokoschka, Emil Nolde, Lovis Corinth und vielen anderen.

Wechselnd bunt leuchtet die Passage zum alten und inzwischen renovierten Jugendstilgebäude. Es handelt sich um eine **Installation des Lichtkünstlers James Turrell**, die in die neu arrangierte Sammlung der frühen Werke der Kunsthalle führt. Im Ostflügel haben unter anderem Vertreter der „Neuen Sachlichkeit" oder der „Nouveaux Réalistes" Platz gefunden. Dort zeigen sich Werke von Niki de Saint Phalle, Daniel Spoerri, George Grosz oder Otto Dix. Im Westflügel ist der Expressionismus bis zur Abstraktion zu Hause, verkörpert von Marc Chagall bis Emil Nolde. Und auch hier ist die Kulisse beeindruckend, wenn auch ganz anders als im Kubus nebenan, wo sich das Café LUXX (www.luxx-mannheim.de) und ein gut sortierter Museumsshop finden.

> **Kunsthalle Mannheim,** Friedrichsplatz 4, Tel. 0621 2936423, www.kuma.art, Di. und Do.–So. 10–18, Mi. 10–20 (am ersten Mi. im Monat bis 22) Uhr. Eintritt: 12 €, Familienkarte 20 €

⊡ *Moderne Kunst vor Jugendstilkulisse: Hinter dem ihr angeschlossenen Neubau hat sich die alte Kunsthalle „versteckt"*

021mh-gs

⓯ Christuskirche ★★ [F6]

Unweit des Friedrichsplatzes findet sich Mannheims größtes Gotteshaus: die evangelische Christuskirche. Sie ist neben der katholischen Jesuitenkirche das christliche Aushängeschild der Stadt. „Mannheimer Dom" nennen die Einheimischen den erhabenen Bau aus dem frühen 20. Jahrhundert deshalb gern.

Die neobarocke Kirche mit ihrer 65 Meter hohen Kuppel schuf der Architekt **Christian Schade** (1876–1964), der sein Lebenswerk in der Quadratestadt mit dem Wiederaufbau der monumentalen Arkadenhäuser am Friedrichsplatz ⓫ beschloss. Ursprünglich sollte die Christuskirche etwa an der Stelle der heutigen Kunsthalle ⓮ entstehen, doch da dort in der Nachbarschaft die katholische Heilig-Geist-Kirche gebaut wurde, wichen die Protestanten mit ihrem repräsentativen Prachtbau vom Westen des Friedrichsplatzes in den Osten aus. Im dortigen neuen Villenviertel entstand so zwischen 1907 und 1911 das Gotteshaus, das mit Kosten von 1,6 Millionen Mark zu einem der damals teuersten protestantischen Kirchenbauten im deutschen Südwesten wurde. Großes Glück war, dass die Kirche den Ersten Weltkrieg unbeschadet überstand. Auch im Zweiten Weltkrieg wurde die Christuskirche nur wenig zerstört und die Schäden schon in den 1950er-Jahren behoben.

Leicht erhöht auf einem Sockel stehend wirkt die Christuskirche wie ein Fels in der Brandung. **Heller Sandstein** und **grüne Kupferdächer** sind dem Zeitgeist des frühen 20. Jahrhunderts geschuldet. Oben auf der Kuppel bläst der inzwischen nachts angestrahlte Erzengel Michael die Trompete. Bis zu 1700 Gläubigen bietet das Gotteshaus Platz, das man durch eine **offene Vorhalle** betritt. Ihr Giebel zeigt Christus als Freund der Kinder. Vier kleine, runde Türmchen rahmen die **Kuppel**, gekrönt von den Symbolen der vier Evangelisten Matthäus (beflügelter Mensch), Lukas (Stier), Johannes (Adler) und Markus (Löwe).

Künstlerische Vielfalt und Pracht spiegelt sich auch im **kreisrunden Inneren**. Alles ist hier auf den Altar ausgerichtet, die einfachen Kirchenbänke ebenso wie die Sitzplätze auf der Empore. Die **Kirchenfenster** zeigen Szenen aus dem Leben Jesu. Ein **Fresko im Triumphbogen** über dem Altar verweist auf die Auferstehung, die zentrale christliche Botschaft. Wie ein mittelalterlicher Lettner wirkt die Front hinter dem Altar, in der auch die Kanzel ihren Platz gefunden hat, darüber eine Kreuzigungsgruppe. Blickfang in der Kirchenmitte ist ein 1,2 Tonnen schwerer **Leuchter**.

055mh-gs

◁ *„Mannheimer Dom" wird die protestantische Christuskirche im Volksmund genannt*

Großen Wert legt man in der Mannheimer Christuskirche auf die musikalische Gestaltung des Gemeindelebens, weshalb das Gotteshaus heute gleich über **drei Orgeln** mit über zehntausend Pfeifen verfügt. Die lassen sich im Rahmen spezieller Führungen genauer kennenlernen. Anerkennung genießen auch die **Chöre** der Pfarrgemeinschaft, die feierliche Gottesdienste ebenso gestalten wie den Evensong, das musikalische Abendgebet.

Besonders stolz ist die Pfarrgemeinde auf ihre **handgeschriebene Altarbibel**, die viele Hundert Menschen verschiedenen Alters, Christen, Juden und Muslime, aber auch Menschen ohne religiöses Bekenntnis zusammen verfasst haben.

❯ **Christuskirche**, Werderplatz 17, https://christusfriedengemeinde.ekma.de, Öffnungszeiten: tgl. 9 – 18 Uhr, Gottesdienst: sonn- und feiertags 10 Uhr

🔟 Nationaltheater ★ [F5]

Mannheims Nationaltheater rühmt sich, seit 1839 im Besitz der Stadt zu sein. Damit gehört es zu den ältesten deutschen Stadttheatern, auch wenn es als Nationaltheater firmiert. Schon Ende der 1770er-Jahre hatte Kurfürst Karl Theodor den Mannheimern ein Theater mit eigenem Ensemble gestiftet, das mit der Uraufführung von Schillers „Die Räuber" erstmals groß von sich reden machte. Heute ist das Nationaltheater Mannheim ein Vierspartenhaus mit den Säulen Tanz, Schauspiel, Oper und Kinder- und Jugendtheater, das jährlich mehr als 350.000 Zuschauer erreicht.

Der erste Bühnenbau des Nationaltheaters stand schräg gegenüber der Jesuitenkirche ❸ am heutigen Schillerplatz. Er war ein Zweckbau mit vier Rängen und Parterre, der gut 1500 Zuschauern Platz bot. Gewichtiger war das Bühnenprogramm. Hier fand **Friedrich Schiller** in **Wolfgang Heribert von Dalberg**, dem Intendanten des Hauses, seinen ersten großen Gönner. Mit der **Uraufführung von Schillers „Die Räuber"** verschaffte er dem Theater Renommee. Lange Zeit nannte man deshalb das Nationaltheater „Schillerbühne".

Als das Großherzogtum Baden aus finanziellen Gründen die Finanzierung des Hauses einstellte, sprang die Stadt in die Bresche, die dem Theater Mitte des 19. Jahrhunderts eine **neue Bühne** und ein **weiteres Geschoss** spendierte. Vom Ende des Jahrhunderts an machte Mannheim mit der Inszenierung von **Wagner-Opern** auf sich aufmerksam. Die wurden unter dem Dirigenten **Wilhelm Furtwängler** musikalisch perfektioniert, der nach dem ersten Weltkrieg Opernkapellmeister wurde. Für viele Künstler, die später zum Teil als Filmschauspieler reüssierten, wurde das Nationaltheater zum Karriere-Sprungbrett.

Im Zweiten Weltkrieg zerstörten Bomben das Theaterhaus am Schillerplatz, sodass man gezwungen war, danach anfangs in einem Kino zu spielen. Schließlich aber wurde Mannheims **Stadttheater am Goetheplatz** neu gebaut. Im Januar 1957 nahm es mit gleich zwei Aufführungen seinen Betrieb auf: Carl Maria von Webers „Freischütz" im großen Opernhaus und Schillers „Die Räuber" im Schauspielhaus. Drei Monate später inszenierte man Richard Wagners „Parsifal", dessen Requisiten noch heute genutzt werden können. Ganz anders sehen Schillers „Räuber" heute im Nationaltheater aus, wo die Helden sich statt mit dem Degen mit dem Gehstock duellieren und angestammte Männerrollen mit Frau-

Das erste Auto stammt aus Mannheim

T6 33. Die Adresse in der Quadratestadt ist heute ein gesichtsloser Neubau. Keine Sehenswürdigkeit jedenfalls,
obwohl dort einst jener Mann wohnte, der Automobilgeschichte schrieb:
Carl Benz. Am Anfang der Augustaanlage ⑰ hat man ihm zu Ehren 1933
ein Denkmal aufgestellt. Es zeigt einen
Mann im Arbeitskittel und die Inschrift
„Carl Benz 1844–1929". Eine andere Inschrift lobt den „Pionier des Kraftwa-
genbaus". Deutlich mehr Interesse bei
Besuchern findet aber die bronzene
Nachbildung seines ersten gebauten
und fahrtüchtigen Wagens, die inzwischen vor dem Denkmal steht und für
alle eine willkommene Kulisse ist, die
gerne einmal im ersten Auto der Welt
posieren wollen – auch wenn es nur
eine von vielen Rekonstruktionen ist.

Carl Benz wurde 1844 als unehreli-
cher Sohn einer Dienstmagd und eines

Lokomotivführers im heutigen Karls-
ruher Stadtteil Mühlburg geboren. Sein
Vater weckte in ihm die Liebe zu Ma-
schinen. Während des Maschinenbau-
Studiums am Polytechnikum in Karlsruhe experimentierte Carl Benz zwischen 1860 und 1864 mit Alternativen
zur Dampfmaschine. 1866 zog er nach
Mannheim, um dort fünf Jahre später
gemeinsam mit dem Mechaniker August Ritter eine erste Firma zu gründen:
„Carl Benz und August Ritter, mecha-
nische Werkstätten." Doch die Part-
nerschaft hielt nicht lange. Berta, seine Braut und spätere Ehefrau, half ihm
schließlich bei der Finanzierung einer
Werkstatt in der Quadratestadt. Dort
werkelte er intensiv an einem Zweitakt-
motor, den er in der Silvesternacht 1879
zum Laufen brachte. Für den Automo-
bilbau war es eine Art Urknall, als die
ein PS leistende Maschine bei 200/300
Umdrehungen in der Minute ansprang.

Benz tüftelte weiter. 1883 gründete er
die „Benz & Co. Rheinische Gasmoto-
ren-Fabrik", deren Ziel die Konstrukti-
on eines massentauglichen Motorwagens war. Im Frühjahr 1885 stand der
erste auf dem Fabrikhof, mit dem sich
Benz bald auch auf Mannheims Straßen
traute. „Die Menschen sammeln sich
an, lächeln und lachen. Das Staunen
und Bewundern schlägt um in Mitleid,
Spott und Hohn. Wie kann man sich
in einen unzuverlässigen, armseligen,
lautlärmenden Maschinenkasten setzen, wo es doch genug Pferde gibt auf
der Welt", erinnerte er sich später an

◁ *Als Replik aus Bronze steht das erste
fahrtüchtige Automobil von Carl Benz
am Anfang der Augustaanlage* ⑰

die ersten Runden mit dem dreirädrigen Gefährt in der Öffentlichkeit. „Wirf den Stinkkasten in den Neckar", sollen ihm die Leute damals zugerufen haben.

Benz aber gab nicht auf. Im Januar 1886 erreichte sein Motorwagen unter der Nummer 37435 die Patentreife. Das Dokument des Reichspatentamts zählt heute zum Weltdokumentenerbe der UNESCO. Damit nämlich war das Auto offiziell geboren, obwohl es mit seinen drei Rädern aus heutiger Sicht mehr motorisiertes Fahrrad als Auto war. Sein Kern war ein Einzylinder-Motor mit offenem Kurbelgehäuse und Oberflächen-Vergaser. Betrieben wurde er mit einem Leichtbenzin namens Ligroin, das es damals nur in Apotheken gab. Mit 10 Litern auf 100 Kilometern war der Verbrauch im Vergleich zu den folgenden Autogenerationen relativ gering. Den zur Zündung nötigen Strom transformierte Benz wegen der geringen Batterieleistung mithilfe eines Funkeninduktors. Eigenentwicklungen waren auch die Zündkerze und eine einfache Verdampfungskühlung, die bei den Geschwindigkeiten damals ausreichte. Den Motor setzte man mit dem Drehen eines Schwungrads in Gang.

Der Benz Patent-Motorwagen Nummer 1 war der Auftakt zur Automobilproduktion. Schnell entstanden Nachfolgemodelle mit vier Rädern, deren Aufbauten und Karosserien, geliefert von einem Mannheimer Stellmacher, variierten. Das erste war eine motorisierte Kutsche namens „Viktoria", deren Räder mithilfe einer von Benz ersonnenen Achsschenkellenkung einzeln gesteuert werden konnten, was dem Auto eine zusätzliche Kurvenstabilität verlieh und ihm Spitzengeschwindigkeiten von bis zu 40 km/h erlaubte.

Zur ersten Fernfahrt 1888 startete nicht der Autobauer selbst, sondern seine Gattin Berta mit ihren Söhnen. Während Carl Benz noch schlief, ging der Rest der Familie auf Spritztour nach Pforzheim. An Steigungen, die der 3-PS-Motor nicht schaffte, musste der Wagen geschoben werden und manchmal war Improvisation gefragt. So diente ein Strumpfband unterwegs als Ersatz für die defekte Isolierung eines Zündkabels, eine Hutnadel zur Regulierung der Benzinzufuhr – und ein Schuster musste die Bremse mit frischem Leder beschlagen, weil das alte sich auf den Gefällstrecken durchgerieben hatte. Eine Triumphfahrt wurde es nicht. Angeblich wurde der „Hexenkarren" auf dem Land immer wieder mit Steinen beworfen. Auf alle Fälle aber war die Tour der Beweis, dass die Benz'schen Fahrzeuge durchaus längere Strecken bewältigen konnten – und dass auch Frauen Auto fahren können.

Der Verkauf der ersten Autos lief nur schleppend. Bis zur Jahrhundertwende waren erst gut 1700 Stück verkauft, obwohl sich die Zahl der Beschäftigten in dem schließlich als Aktiengesellschaft firmierenden Betrieb mehr als verzehnfacht hatte. Und es kam noch schlimmer, als mit der Daimler-Motoren-Gesellschaft in Stuttgart ein neuer Konkurrent auftauchte. Mit ihren modernen und schnelleren Mercedes-Modellen nahmen sie Benz und seinen Mitstreitern mehr und mehr Marktanteile ab. 1903 zog sich Benz enttäuscht aus dem aktiven Leben seiner Firma in Mannheim zurück und gründete drei Jahre später im benachbarten Ladenburg die Firma „Carl Benz Söhne", deren alte Fabrikationshalle heute ein sehenswertes Automobilmuseum (www.automuseum-ladenburg.de) ist.

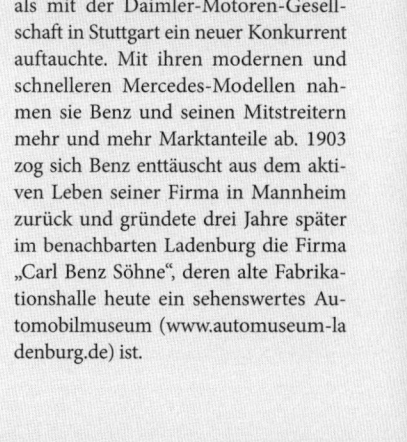

en besetzt sind. Aus Dramen werden so Komödien! Für die Bekanntheit des Nationaltheaters sorgen zudem die alle zwei Jahre stattfindenden **Internationalen Schillertage** und der jährliche **Mannheimer Sommer.**

Von 2023 bis 2027 wird das Nationaltheater geschlossen. Für mindestens 250 Millionen Euro erhält der Bau innen und außen ein gründliches Facelift. In der Zwischenzeit soll das Ensemble des Nationaltheaters unter anderem im Ludwigshafener Pfalzbau, dem Rokokotheater in Schwetzingen, im ehemaligen Kino auf dem Franklin-Gelände und in einer neuen Leichtbauhalle auf dem Oktoberfestplatz in der Theodor-Heuss-Anlage spielen.

❯ **Nationaltheater Mannheim,** Goetheplatz, Tel. Kartenvorverkauf: Tel. 0621 1680150, www.nationaltheater-mannheim.de

⓱ Augustaanlage ★   **[G7]**

Vom Friedrichsplatz am Wasserturm ⓬ bis zum Planetarium ⓳ am Europaplatz erstreckt sich die Augustaanlage, eine der **geschichtsträchtigsten Straßen Mannheims.** Wie die ansteigenden Hausnummern verraten, zieht sich die heute vierspurige Allee von der Stadt Richtung Heidelberg (s. S. 15). Benannt ist sie nach der deutschen **Kaiserin Augusta** (1811–1890), zu deren Lebzeiten die Oststadt langsam Gestalt gewann.

Kurz nach Beginn des 20. Jahrhunderts entstand der an den Friedrichsplatz angrenzende erste Teil der Allee, wenig später wurde ihr Mittelstreifen mit Platanen bepflanzt, die jedoch vor einigen Jahren wegen einer Pilzerkrankung gefällt und durch neue Bäume ersetzt wurden. In den 1920er-Jahren erfolgte der endgültige Ausbau der Augustaanlage, die 1935 an die neue Reichsautobahn nach Heidelberg angeschlossen wurde. Heute nutzen rund 40.000 Fahrzeuge täglich die Eingangsstraße zur Stadt, an der sich mit dem Mannheimer Kunstverein ⓲ auch ein Museum befindet.

⓲ Mannheimer Kunstverein ★   **[H7]**

Der 1833 gegründete Mannheimer Kunstverein, der seine Ausstellungsräume vorher unter anderem im Schloss und in der Kunsthalle hatte, unterhält seit 1966 an der Augustaanlage ein eigenes Museum mit 450 Quadratmetern Nutzfläche. Schon 1839 konnte der heute rund 700 Mitglieder zählende Verein, den Stadt und Sponsoren finanziell unterstützen, dem staunenden Publikum **eine der ersten Fotografien der Welt** zeigen. Für Kunst hielten das die Besucher nicht, eher für ein Experiment. Solchen künstlerischen Neuerfahrungen fühlt sich der Verein noch immer verpflichtet – egal ob Malerei, Zeichnung, Fotografie, Installation, Video- oder Performancekunst. In **stets wechselnden Ausstellungen** präsentiert er meist Arbeiten junger Künstlerinnen und Künstler, aber auch die älterer, die junger Kunst entscheidende Impulse gegeben haben.

„Ob etabliert oder völlig unbekannt – mit seinem Programm leistet der Mannheimer Kunstverein ästhetische Grundarbeit, die vergleichendes Sehen und das Erkennen künstlerischer Qualität abseits konventioneller Sehgewohnheiten fördert", heißt es auf der Website der Stadt, die dem Verein das Museum einst zur Verfügung stellte. „Somit ist der Kunstverein Förderer einer Kunstentwicklung seitlich des Marktes, da er keinem Marktmechanismus unterworfen ist." Groß geschrieben wird deshalb auch die Zusammenarbeit mit Einrichtungen wie der Kunstakademie Mannheim und ihrer Jugendkunstschule. Außerdem hat man sich zum Ziel gesetzt, alle Ausstellungen mit Vorträgen anzureichern, um das Verständnis für die aktuelle Kunst zu fördern.

›**Mannheimer Kunstverein,** Augustaanlage 58, Tel. 0621 402208, www. mannheimer-kunstverein.de, Do.–So. und Di. 12–17, Mi. 14–19 Uhr, 5 €. Das aktuelle Ausstellungsprogramm findet sich auf der Website.

⑲ Planetarium ★ [J8]

Zu den Orten zum Träumen gehört das Planetarium, dessen Vorläufer seit 1927 im Unteren Luisenpark stand und im Zweiten Weltkrieg zerstört und später abgerissen wurde. Seit 1984 aber hat die Stadt unweit des Europaplatzes wieder einen repräsentativen Ort für alle Himmelsgucker. Klare Sicht zum Firmament braucht man im Planetarium nicht, projiziert ein Projektor doch **rund 9000 Sterne und Planeten** naturgetreu in die Sternenkuppel des Hauses. Bilder in nie gesehener Qualität bringen dem Besucher so die Mysterien des Weltalls näher. Möglich macht das ein viele Millionen Euro teures Projektionsgerät, dessen LED-Lichtquellen die Sterne hell und scharf leuchten lassen. Die hellsten Sterne, die auch in der Natur auffällige Färbungen zeigen, werden entsprechend rötlich, gelblich oder bläulich projiziert.

Zu den astronomischen **Programmangeboten,** die mit einer Länge von gewöhnlich 50 Minuten auch für Kinder ab zehn Jahren recht spannend sein können, zählen Erkundungen der schwarzen Löcher oder die Geschichte des Mondes. Einmalige Aufnahmen in 4 K gibt es vom Polarlicht. Eine Reise durch die Galaxie bringt Betrachtern die Milchstraße und ihre Struktur näher. Ein anderes Programm hilft dabei, das Konzept von Zeit besser zu verstehen, indem es die kosmische Geschichte auf die Länge eines Jahres verkürzt. Das Universum wäre danach am Neujahrstag entstanden, die Dinosaurier am Tag vor Silvester ausgestorben. „Expedition Weltraum" erklärt neben Sonnen- und Mondfinsternissen den nächtlichen Sternenhimmel und seine Veränderungen im Lauf der Jahreszeiten.

Außerdem gibt es im Planetarium regelmäßig auch **Showprogramme,** zu denen ebenso Jazzkonzerte unter dem Sternenhimmel gehören wie Pink Floyds „Dark Side of The Moon", das einmalige Aufnahmen aus dem All begleiten.

›**Planetarium Mannheim,** Wilhelm-Varnholt-Allee 1, Tel. 0621 415692, www. planetarium-mannheim.de, wechselnde Vorstellungszeiten, genaue Termine und Preise siehe Website, Tickets je nach Programm ab 5 €

057 mh-pt©Christian Gaier

▷ *Einblicke in die Geheimnisse des Weltalls gewährt das Planetarium*

⑳ Luisenpark ★★★ [J7]

Mit mehr als einer Million Besuchern jährlich gehört der Luisenpark zu Mannheims Publikumsattraktionen. Er besteht aus dem frei zugänglichen, näher zur Innenstadt gelegenen Unteren und dem eintrittspflichtigen Oberen Luisenpark, dessen Haupteingang am Friedensplatz liegt. Neben Gärten, einem See, einem chinesischen Teehaus und dem Fernmeldeturm mit seinem drehbaren Aussichtsrestaurant prägen die Freizeitanlage großzügige Tiergehege und Pflanzenhäuser.

Während den **Unteren Luisenpark** vor allem Freizeitsportler zum Joggen, Sonnenanbeter für ein Mittagsschläfchen und Hundebesitzer zum Gassigehen nutzen, ist der **Obere Luisenpark** auf der anderen Seite der zweispurigen Ludwig-Ratzel-Straße ein großes Gelände für alle, die die Vielfalt der Natur neu entdecken oder interessante Tiere und Pflanzen hautnah kennenlernen wollen. Wer will, kann in einem Boot (Gondolettas) über den den Park prägenden **See** fahren, an dessen Ufer ein großes Restaurant und ein Café zur

BUGA 23

Nach fast einem halben Jahrhundert beherbergt Mannheim 2023 erneut die Bundesgartenschau (BUGA 23). Zwischen April und Oktober sind mehr als 5000 Veranstaltungen geplant, zu denen mehr als zwei Millionen Besucher erwartet werden. Die Bundesgartenschau findet wie ihre Vorgängerin in der Stadt am Neckar gleich auf zwei Ausstellungsflächen rechts und links des Flusses statt, die eine zwei Kilometer lange Seilbahn in achtminütiger Fahrt miteinander verbinden wird.

Bereits als Bundesgartenschaugelände erprobt ist der Luisenpark ⑳, die andere Fläche wird das ehemals militärisch genutzte Spinelli-Gelände rechts des Neckars sein. Dort, im Vorort Käfertal, stand einst eine US-Militärkaserne, die im Rahmen eines viele Millionen Euro schweren Konversionsprogramms in eine Siedlung mit fast 5000 neuen Wohnungen und eine große Parkanlage umgewandelt werden soll. So wird aus einer alten Panzerhalle der Eingangsbereich des neuen BUGA-Geländes, aus einer US-Tankstelle ein Besucherkiosk. Im Norden des Spinelli-Geländes wird zu-

dem eine urbane Parklandschaft entstehen, die der künftigen Entwicklung des Klimas ebenso Rechnung trägt wie zeitgemäßer Landschaftsplanung.

Besuchermagnet der Bundesgartenschau soll die sogenannte U-Halle auf dem Spinelli-Gelände werden, eine 22.000 Quadratmeter große ehemalige Lagerhalle der US-Armee, in der künftig Blumen-Ausstellungen, Kultur-, Sport- und Freizeitveranstaltungen stattfinden werden.

Auf einem Experimentierfeld nördlich der Halle finden die vier Leitthemen der BUGA 23 ihren gärtnerischen Ausdruck. „Zackige Kanten wie Eisschollen markieren den Bereich Klima, Blattstrukturen sind das Kennzeichen für den Bereich Umwelt", heißt es bei den BUGA-Organisatoren, „Wellen stehen für Energie und Nahrung spiegelt sich in der Form landwirtschaftlicher Flurstücke". 17 künstlerisch gestaltete Zukunftsgärten sollen die 17 Nachhaltigkeitsziele der Vereinten Nationen verkörpern.

81 Meter lang und 12 Meter hoch wird sich ein neuer Panoramasteg zeigen, der einen einmaligen Blick über

kleinen Pause einlädt. Für die Jüngsten sind mehrere **Spielplätze** zum Toben und ein **Bauernhof** mit Nutztieren wie Pferde, Katzen, Rinder oder Schafe gedacht. Ja sogar einen Matschspielplatz gibt es, ein feucht-fröhliches Abenteuerparadies! Eine „Grüne Schule" vermittelt Wissen über die vielen Geheimnisse der Natur!

Auf 250 Metern Länge rauscht ein künstlich angelegter **Gebirgsbach** durch den Luisenpark. Außerdem heißt ein **Barfußpfad** Besucher willkommen und die **Seebühne** ist eine der ersten Adressen Mannheims für alle, die im Sommer Konzerte unter freiem Himmel erleben wollen.

Zu den schönsten Orten im Park zählen das **Chinesische Teehaus** und der streng nach den Lehren des Feng Shui angelegte **Chinesische Garten**. Ehrenbogen, Brücken und künstliche Steinberge mit Wasserläufen verleihen ihm seinen authentischen Charakter. Inzwischen wachsen hier auf rund 200 Quadratmetern auch Kamelien. Das Chinesische Teehaus ist das größte in diesem Stil erbaute Europas – ein zweigeschossiger Bau, dessen Materialien wie Steine, Holz, Ziegel

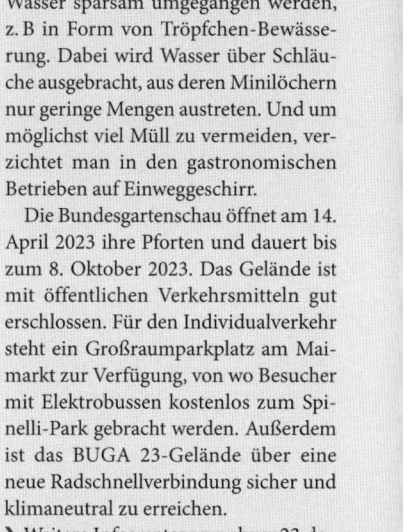

die Stadt und das gesamte BUGA-Gelände gewährt. Sein Highlight ist ein riesiger, freitragender Steg über einem Auengewässer, das auf 1,6 Hektar Tieren und Pflanzen eine Heimat bietet. Ein Spiel- und Bewegungspark soll zudem für viel Abwechslung im Freizeitprogramm sorgen.

Im Luisenpark auf der anderen Seite des Neckars zeigen sich zur BUGA 23 erstmals eine begehbare Unterwasserwelt und das neue „Südamerika-Haus". Als besonderes Highlight haben die elf Partnerstädte Mannheims zudem einen „Garten der Völkerverständigung" konzipiert, der den gesellschaftspolitischen Anspruch der Bundesgartenschau unterstreicht. So versteht sich die Bundesgartenschau vor allem auch als Experimentierfeld für nachhaltiges Leben. Neben Blumen- und Pflanzenschauen gibt es viel Raum zum Erproben neuer urbaner Möglichkeiten. Dazu gehört etwa die Pflanzung von 2023 sogenannten Zukunftsbäumen, die während der BUGA 23 als Baumschule dienen und in riesigen Pflanzkübeln oder sogenannten Air Pots stehen, die ein gesundes Wurzelwachstum auf natürliche Weise stützen. Mit dem Ende der BUGA 2023 sollen die Bäume dann im gesamten Stadtgebiet ausgepflanzt werden.

Großen Wert legen die Planer und Planerinnen der Bundesgartenschau auf Nachhaltigkeit. So soll auf dem BUGA-Gelände ausschließlich Ökostrom zum Einsatz kommen, der zum Teil mittels Photovoltaikanlagen vor Ort produziert wird. Außerdem soll mit Wasser sparsam umgegangen werden, z. B in Form von Tröpfchen-Bewässerung. Dabei wird Wasser über Schläuche ausgebracht, aus deren Minilöchern nur geringe Mengen austreten. Und um möglichst viel Müll zu vermeiden, verzichtet man in den gastronomischen Betrieben auf Einweggeschirr.

Die Bundesgartenschau öffnet am 14. April 2023 ihre Pforten und dauert bis zum 8. Oktober 2023. Das Gelände ist mit öffentlichen Verkehrsmitteln gut erschlossen. Für den Individualverkehr steht ein Großraumparkplatz am Maimarkt zur Verfügung, von wo Besucher mit Elektrobussen kostenlos zum Spinelli-Park gebracht werden. Außerdem ist das BUGA 23-Gelände über eine neue Radschnellverbindung sicher und klimaneutral zu erreichen.

❭ Weitere Infos unter www.buga23.de

025mh-gs

und Fliesen alle im Reich der Mitte gefertigt und von chinesischen Handwerkern in Mannheim zusammengesetzt wurden. Besuchern werden 30 Sorten Tee und passendes Gebäck, aber auch andere kleine Speisen serviert.

Heute prägen den Park verschiedene, insgesamt über 3000 Quadratmeter große **Beete**, die in der Regel zweimal jährlich neu bepflanzt werden. Dazu kommen viele Tausend **Bäume** und **Sträucher** sowie Spezialanlagen wie Heilpflanzen-, Zitrus-, Stauden- und Rododendrongarten sowie ein **Kakteenhaus**. In festen Häusern sind zahllose Fische, Reptilien vom Leguan bis zur Tigerpython, bunte Schmetterlinge, Eulen und viele andere **Tiere** zu Hause, von denen man einigen auch im Freien begegnet – etwa den hier nistenden, freilebenden Störchen, Flamingos oder Pelikanen, die regelmäßig ihre Runden am Seeufer ziehen. Das ist auch der Grund dafür, dass keine Hunde in den Park dürfen.

⌂ Sonnenanbeter
im Unteren Luisenpark

Geschichte des Parks

Ursprünglich wollte die BASF an der Stelle des Unteren Luisenparks ihr erstes großes Werk errichten, was die Bürger Mannheims aber ablehnten. In der Folge entstand auf einer noch kleinen Fläche ein erster **Volks- und Bürgerpark,** den der Erschaffer des Frankfurter Palmengartens, **Franz-Heinrich Siesmayer,** zum „Nutzen der Gesundheit" anlegte. Nutznießer waren erst einmal die Bewohner der umliegenden Villen. 1896, zwei Jahre nach ihrer Einweihung, erhielt die Anlage ihren heutigen Namen Luisenpark. Er sollte an **Großherzogin Luise von Baden,** die Tochter Kaiser Wilhelms I., erinnern.

Zwischen 1897 und 1903 entstand auf einem ehemaligen Neckararm, dessen sumpfiges Gelände sich nicht für eine Bebauung eignete, der als Waldpark mit Spielplätzen konzipierte **Obere Luisenpark.** Er war fast doppelt so groß wie die erste Anlage und ebenfalls von Siesmayer geplant. 1907 entstand ein erstes Palmenhaus. Zwei Jahrzehnte später war der heutige **Kutzerweiher,** so benannt nach dem damaligen Oberbürgermeister Theodor Kutzer, fertig – entstanden aus einem rund drei Hektar großen Baggersee, dessen Pegel vom Wasserstand des Neckars abhängig war und bis zu neun Meter schwanken konnte, was eine dauerhafte Nutzung des Ufers nicht erlaubte.

Zur Besucherattraktion reifte das Gelände aber erst ab 1958, als der Park ein neues **Pflanzenschauhaus** mit Aquarien und Volieren erhielt, dessen Besuch Eintritt kostete. Auch **Blumenschauen** auf dem umliegenden Gelände lockten zunehmend Interessierte. Zum Ritterschlag für den Luisenpark wurde schließlich die **Bundesgartenschau 1975**. Sie brachte die Einzäunung des 42 Hektar großen Geländes und erlaubte erstmals auch das Betreten der Rasenanlagen, die von jetzt an regelmäßig gemäht wurden.

Neu gestaltet wurde damals auch das Ufer des Kutzerweihers, der auf die fast dreifache Länge ausgedehnt und mit den **Gondolettas** bestückt wurde, die noch heute genutzt werden. Es sind knapp 50 an einem Unterwasserseil gezogene Boote, die bei gutem Wetter von Frühjahr bis Spätsommer auf einem knapp zwei Kilometer langen Rundkurs unterwegs sind. 40 Minuten dauert eine große Runde, nach 20 Minuten hat man den Park der Länge nach durchquert und kann aussteigen. Ebenfalls im Rahmen der Bundesgartenschau entstand der **Fernmeldeturm**, das Wahrzeichen des modernen Mannheim (s. S. 50).

Mit 8,5 Millionen Besuchern schlug die Bundesgartenschau alle Besucherrekorde und rückte das Gelände deutschlandweit in den Fokus, sodass man es, gestützt durch eine Bürgerabstimmung, weiter eingezäunt ließ und den Park in der Folge noch attraktiver gestaltete. Etwa mit einer **Klangoase**, wo Musik aus sechs Lautsprechern in den Baumwipfeln den Parkbesucher musikalisch begleitet. Für die Klänge, die man auf komfortablen Liegen besonders genießen kann, sorgte ein Mannheimer Musiker, der seine Instrumentaltitel mit natürlichen Tönen wie Vogelgezwitscher, Grillenzirpen, Donnergrollen oder Wassergeplätscher anreicherte.

Inzwischen rüstet sich der Luisenpark für die **Bundesgartenschau 2023** (s. S. 46). Deshalb wird der Bereich um das südliche Ende des Parksees völlig neu gestaltet. Zahlreiche **Begegnungsorte zwischen Tier und Mensch** sollen dort entste-

026mh-egs

> *Mit den Gondolettas lässt sich der Luisenpark per Boot erobern – eventuell auch mit blindem Passagier*

hen – etwa eine 1300 Quadratmeter große Vogelvoliere und eine neue **Pinguinanlage**. Sie erlaubt, das Treiben der Frackträger mittels einer großen Glasscheibe auch unter Wasser zu beobachten. Ganz neu ist auch eine **Unterwasserwelt**, welche die Artenvielfalt in Meeren, Flüssen und Seen zeigen soll – vom Neckar bis zum australischen Great Barrier Reef. Aus dem jetzigen Schmetterlingshaus soll ein **Südamerikahaus** werden, das von der vielfältigen Flora und Fauna des Kontinents erzählen soll.

❯ **Luisenpark Mannheim,** Theodor-Heuss-Anlage 2, Tel. 0621 410050, www.luisenpark.de, Öffnungszeiten: Mai–August 9–20, April und Sept. 9–19.30, März und Okt. 9–18.30. Nov.–Febr. 9–16.30 Uhr. Die Schauhäuser stehen von März bis Okt. von 10–20 Uhr, den Rest des Jahres 10.30–18.30 Uhr offen. Eintritt: 7,50 €, Kinder 3,70 €, Nov.–Febr. Eintritt vergünstigt. Die Bootsfahrten und der Besuch des Fernmeldeturms kosten extra. Das Teehaus ist von März bis Oktober täglich von 13 bis 18 Uhr (bei schönem Wetter

Langer Ludwig – Mannheims höchstes Bauwerk

Der einschließlich Antenne knapp 218 Meter hohe Fernmeldeturm ist das höchste Bauwerk der Stadt und eines der höchsten im deutschen Süden. Von oben reicht der Blick weit in die Rheinebene, den Pfälzer Wald und den Odenwald. Dem Besucher liegen nicht nur ganz Mannheim und Ludwigshafen, sondern auch Städte wie Worms, Speyer, Neustadt und Heidelberg buchstäblich zu Füßen.

Der Fernmeldeturm entstand 1975 im Rahmen der Bundesgartenschau. „Langer Ludwig" nennen ihn deshalb die älteren Mannheimer gern – ein Spitzname, der dem damaligen Oberbürgermeister Ludwig Ratzel (1915–1996) geschuldet ist. Die drei Meter dicke Fundamentplatte des Turms mit 27 Metern Durchmesser wurzelt viele Meter tief im Erdreich. Der 166 Meter hohe Stahlbetonschacht des Bauwerks verjüngt sich von 13,30 Meter Durchmesser am Turmfuß auf 4,60 Meter in 166 Metern Höhe.

Zwei Aufzüge befördern jede Stunde maximal 1600 Besucher mit einer Geschwindigkeit von 6 Metern pro Sekunde zur Aussichtsplattform und zum darüber liegenden Drehrestaurant Skyline. Es serviert mehrgängige Menüs, aber auch Kaffee und Kuchen. Die Tische im Restaurant stehen auf einem Ring, der sich innerhalb einer Stunde um die eigene Achse dreht. Die Speisen selbst werden unten im Basisgebäude zubereitet und per Aufzug in einem speziellen Container zum Restaurant hochgefahren. Zusätzliche Pumpen garantieren, dass man auch oben immer fließendes Wasser hat, das auch für die Heizungen gebraucht wird. Damit sie nicht einfrieren, sind die Steigleitungen geheizt.

An ein besonders tragisches Kapitel in der Geschichte des Fernmeldeturms, der Mannheim und Umgebung heute vor allem mit digitalen Fernsehbildern versorgt, erinnert ein Gedenkstein an seinem Fuß. Im Dezember 1994 war ein Rettungshubschrauber mit der Turmspitze kollidiert und abgestürzt. Die drei Besatzungsmitglieder und ein Notarzt starben.

● **4** [H5] **Fernmeldeturm,** Hans-Reschke-Ufer 2, Tel. 0621 419290, www.skyline-mannheim.de, 12–22 Uhr, 10 € (Kinder ab 6 Jahre 5 €)

bis 19 Uhr) geöffnet, sonn- und feiertags von 11–19 Uhr, im Winter nur an Wochenenden.

> **Achtung:** Der Luisenpark schließt Ende Oktober 2022, um ab April 2023 als Gelände der Bundesgartenschau wieder zu öffnen.

㉑ TECHNOSEUM ★★★ [K8]

Alte Lokomotiven weisen schon von außen darauf hin, dass es innen um Technik geht. Im TECHNOSEUM, früher als Landesmuseum für Technik und Arbeit bekannt, ist Baden-Württembergs Technikgeschichte ausführlich dokumentiert. Für Besucher besonders attraktiv sind die über hundert Experimentierstationen, die interaktiv die oft komplizierte Welt der Wissenschaft und Technik erklären. Stolz ist man auf eine dieselbetriebene Feldbahn im Museumspark und eine noch mit Dampf betriebene Lokomotive aus dem Jahr 1896, die täglich mit Besuchern nach draußen und wieder zurück fährt. Kein Wunder, dass mehr als die Hälfte der fast 200.000 TECHNOSEUM-Besucher jährlich Schüler sind.

Das Museum, 1985 als Stiftung des öffentlichen Rechts in gemeinsamer Trägerschaft von Baden-Württemberg und der Stadt Mannheim gegründet, lädt Besucher auf rund 9000 Quadratmetern Ausstellungsfläche zu einer **Zeitreise durch die Technik-, Wirtschafts- und Sozialgeschichte** nicht nur im deutschen Südwesten bis in die Gegenwart ein. Es zeigt, dass steter Wandel der einzige Fortschritt ist, und wie sehr die Technik inzwischen unsere Mobilität prägt.

Die **Architektur** des Museumsbaus aus den 1980er-Jahren mit vielen schiefen Ebenen und schrägen Fenstern ist prämiert und inzwischen auch denkmalgeschützt. Neben den vielen **Originalen,** wie alten Radio- und Fernsehapparaten, einer großen Papiermühle und **komplett eingerichteten Arbeitsplätzen** oder **Technikwerkstätten,** ergänzen um die hundert **Experimentierstationen** die Dauerausstellung. Sie veranschaulichen dem Besucher technische Entwicklungen – etwa wie ein Flaschenzug Lasten leichter macht, wie eine Dampfmaschine funktioniert oder eine Wärmebildkamera Temperaturunterschiede verdeutlicht. In einem **Windkanal** lässt sich mit einem Modellflugzeug erfahren, was Fliegen heißt. Am **Morse-Tisch** werden Nachrichten sprach- und schriftlos übermittelt. Und wer will, kann gegen einen Roboter Mühle spielen oder virtuell ein Auto von anno 1914 nachbauen. 3-D-Brillen eröffnen die Welt der **Virtual Reality.** Wer will, kann im Rahmen einer Führung auf einem Nachbau der in Mannheim erfundenen **Laufmaschine des Freiherrn Karl von Drais** selbst einmal eine Runde drehen und sich so in die Anfangszeiten der Fahrradgeschichte versetzen.

Der neueste Ausstellungsbereich ist der Energie gewidmet und thematisiert den Siegeszug des Stroms und die vielfältigen Möglichkeiten der Energiegewinnung, von der Kohleverstromung bis zur Wasser-, Wind- und Solarkraft. Sogar sein Handy kann man hier mit einer Handkurbel aufladen!

Zur Pause lädt das Museumsbistro, eine „Arbeiterkneipe" mit Würstchen und Kartoffelsalat.

> **TECHNOSEUM,** Museumsstraße 1, Tel. 0621 42989, www.technoseum.de, tgl. 9–17 Uhr, 9 € (Kinder bis 6 Jahre Eintritt frei). Die Museumsbahn ist bei trockenem Wetter gewöhnlich von Mai bis Oktober am Wochenende und feiertags zwischen 13 und 17 Uhr unterwegs.

Schwetzingerstadt

Die früher Schwetzinger Vorstadt genannte Gegend, die sich mit der Seckenheimer Straße von der Oststadt abgrenzt, mit ihr zusammen aber einen Stadtbezirk bildet, spielt touristisch kaum eine Rolle. Die Schwetzingerstadt erstreckt sich vom Hauptbahnhof **㉒** bis zum Übergang nach Neckarau **㉗**. Ihr Herz ist die 1,5 Kilometer lange Einkaufsmeile **Seckenheimer Straße** [E7–H8]. Sie punktet mit Geschäften, Restaurants, Cafés und Kneipen, Sushi- und Tapas-Bars. Zweite Hauptachse im Viertel ist die **Keplerstraße** [E/F7], die vom Busbahnhof Mannheim zur Seckenheimer Straße führt und in der sich ebenfalls zahlreiche gastronomische Einrichtungen und ein Hotel befinden. Im Krieg weniger zerstört als die Quadratestadt haben sich vor allem in der Seckenheimer Straße zahlreiche alte **Sand- und Backsteinbauten** erhalten, in denen sich heute gefragte Wohnungen befinden. Das spürt man vor allem an den Mietpreisen, die zur spürbaren Gentrifizierung des Viertels geführt haben und auch die Studenten, die hier gerne wohnen, zunehmend verdrängen.

㉒ Hauptbahnhof ★ [E7]

Mannheims Hauptbahnhof ist einer der am meisten frequentierten Deutschlands. Das liegt nicht nur an den **über 50.000 Pendlern,** die per Bahn zur Arbeit fahren, sondern auch an den zahlreichen **Umsteigemöglichkeiten.** So kreuzen sich in Mannheim Züge von Köln nach Basel mit Bahnen aus dem deutschen Norden Richtung Stuttgart und München. Dazu kommen Schnellzugverbindungen ins Saarland und das benachbarte Frankreich. Insgesamt sind es mehr als 600 Züge, die in Mannheim täglich Halt machen, ein gutes Drittel davon Fernzüge.

Schon 1840 erhielt Mannheim einen Bahnhof, der an der Bahnlinie Mannheim–Heidelberg lag. 1846 kam eine Verbindung nach Frankfurt hinzu, die den Bahnhof schnell an seine Kapazitätsgrenzen brachte. Angesichts der Pläne zum Bau einer Eisenbahnbrücke über den Rhein entschied man sich deshalb für einen Neubau in Brückennähe, der in den 1870er-Jahren entstand. Doch auch der platzte ein Jahrhundert später aus allen Nähten, als die neue Schnellzugstrecke nach Stuttgart die Zahl der Reisenden drastisch steigen ließ und zur Modernisierung der Anlagen zwang. Zur Jahrtausendwende wurde das gesamte Bahnhofsgebäude schließlich hinter seiner **historischen Fassade** komplett saniert, die Seitenflügel aufgestockt und die Eingangshalle mit einer **Glaskuppel** versehen.

Nordstadt

Hafen, **Neckarmündung** und der neue **Szenestadtteil Jungbusch** prägen den Norden Mannheims. Die früher eher gemiedene Gegend hat in den letzten Jahren zunehmend an Popularität gewonnen. Mit der Popakademie (s. S. 91), Studentenwohnungen und vielen Freizeiteinrichtungen wie Bars und Restaurants punktet vor allem der Jungbusch. Wenig mehr als ein gutes Dutzend Stra-

▸ Am Hafenkanal, der Rhein und Neckar verbindet, treffen sich vor allem an Sommerwochenenden die Feierwütigen

ßen zählt der Stadtteil, der von Neckar und Hafenkanal begrenzt wird – und vom Luisenring, der ihn von der City trennt. Jungbuschstraße [B/C3] heißt die **Partymeile** im Herzen des Viertels, die vor allem an lauen Sommerabenden aus allen Nähten platzt.

㉓ Jungbusch ★★   [C3]

Es sind Kneipen wie die Onkel Otto Bar (s. S. 75), das Blau (s. S. 75) oder die Kombüse (s. S. 73), welche Nachtschwärmer heute in das Viertel ziehen. Bars, in denen Bootsglocken hängen oder alte Schiffssteuerräder, deren rotes Licht noch an Zeiten erinnert, als Matrosen im Jungbusch zu den Stammkunden gehörten. Es ist das Hafenviertel der Stadt, wovon mitten im Quartier auch das Sackträger-Denkmal (s. S. 54) zeugt. Heute ist das Szeneviertel aber weniger Reeperbahn, sondern mehr Kreuzberg. Vorbei sind die Zeiten, als man einen großen Bogen um Jungbusch machte, weil im Rotlichtmilieu Gewalt- und Drogenkriminalität zu Hause waren und Müllberge die Straßen verschandelten.

Jungbusch, kurz „Busch" genannt, ist ein Arbeiterviertel. Ein großer Teil der hier ansässigen Bevölkerung hat türkische Wurzeln, davon zeugt auch die **Yavuz-Sultan-Selim-Moschee** (Luisenring 28, www.ditib-ma.de), eines der größten muslimischen Gotteshäuser Deutschlands.

Im Multikultiviertel liegt das Durchschnittsalter bei knapp 38 Jahren. Vertreter der sogenannten bürgerlichen Mitte muss man mit der Lupe suchen – noch, denn die **Gentrifizierung** des Jungbusch schreitet in einem Tempo voran, das die Bewohner sorgenvoll beobachten. Immobilienentwickler stecken Unsummen in die Sanie-

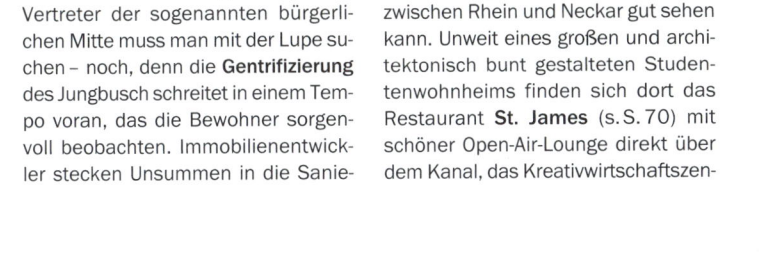

(**MEIN TIPP**)

Shoppen und Relaxen

Kaffeetrinken und Shoppen kann man im Patina, dem kleinen Café am Rand des Szeneviertels Jungbusch, miteinander verbinden. Zu angesagten Kaffeespezialitäten, Ingwertee oder Säften kann man auch handgearbeiteten Schmuck kaufen – und fast alle alten und neu aufgearbeiteten Möbel, die zur Dekoration dienen. Für den kleinen Hunger gibt es vegane Leckereien wie eine fleischlose Quiche.

⟲5 [C3] Patina, Luisenring 38, Tel. 0621 43740952, www.patina-mannheim.de, Mi.–So. 10–18 Uhr

rung des Quartiers, wie man entlang der Hafenstraße oder noch besser am dahinter liegenden Verbindungskanal zwischen Rhein und Neckar gut sehen kann. Unweit eines großen und architektonisch bunt gestalteten Studentenwohnheims finden sich dort das Restaurant **St. James** (s. S. 70) mit schöner Open-Air-Lounge direkt über dem Kanal, das Kreativwirtschaftszentrum **C-Hub** mit Büros, Meeting- und Showrooms, die Kunstgalerie **Port 25** (s. S. 67) und der Open-Air-Club **Hafen 49** (s. S. 75), eine Diskothek unter Sonnensegeln.

Nicht zuletzt ist hier auch die **Popakademie Baden-Württemberg** (s. S. 91) zu Hause. Die staatliche Hochschule für Populäre Musik und Musikwirtschaft ist Deutschlands Kaderschmiede für angehende Pop- und Weltmusiker mit über 150 Dozenten, zu denen auch Smudo von den Fantastischen Vier oder Midge Ure, Sänger der Band Ultravox und Mitgestalter des Welthits „Do. They Know It's Christmas?", gehören.

KURZ & KNAPP

Sackträger-Denkmal

An der Ecke Beil- und Böckstraße steht ein etwas gebeugter Mann mit einem großen Sack auf dem Buckel. Er erinnert an die vielen Tausend **Sackträger**, die einst im Mannheimer Hafen Dienst taten. Ihre Arbeit verdankten sie dem **Stapelrecht**, das Anfang des 19. Jahrhunderts alle Schiffer dazu zwang, ihre Waren in Mannheim umzuladen. Auch nach seiner Abschaffung blieb an den Kaianlagen genügend zu tun, bis den starken Männern schließlich Kräne die Arbeit abnahmen.

Die Sackträger waren **Tagelöhner**, die oft von sechs Uhr morgens bis 19 Uhr abends schufteten, manchmal noch länger. Grob und derb seien sie meist gewesen, heißt es nostalgisch verklärt gern in Mannheim. „Abendmahl" nannten sie ihre regelmäßigen Besäufnisse, bei denen gewöhnlich der ganze Lohn in Alkohol umgesetzt wurde. Als legendär gelten ihre Sauftouren durch die Wirtshäuser im Jungbusch, aus denen nach dem Verschwinden der Sackträger häufig Barbetriebe wurden.

㉔ Neckarmündung ★

Im Norden Mannheims befindet sich die Neckarmündung. Mit 145 Kubikmeter Wasser pro Sekunde speist der am Schwarzwaldrand entsprungene Fluss an seiner Mündung den **Rhein.** Es sind gewaltige Massen, die gewöhnlich nicht auffallen. Wenn beide Flüsse aber **Hochwasser** führen, der Neckar oft doppelt so viel wie der Rhein, heißt es hier meist „Land unter". Ansonsten ist an der Neckarmündung so gut wie nichts los – ganz im Gegensatz etwa zur Moselmündung in Koblenz, die dort ein touristisches Highlight ist.

Dass die Neckarmündung eher ein Schattendasein führt, liegt an ihrer Geschichte. Bis ins 13. Jahrhundert floss der Neckar südlich des heutigen Mannheim in den Rhein. Erst infolge einer großen **Überschwemmung** änderte er 1275 seinen Lauf. Doch auch der wurde noch einmal neu justiert, als man im Rahmen der **Rheinbegradigung** das Flussbett verlegte. Nachdem Anfang 1869 der Altneckar abgetrennt worden war, nahm der neue Neckar seinen Lauf ab 1880 durch den **neuen Neckardurchstich.** So betrachtet ist die heutige Neckarmündung nicht einmal 150 Jahre alt.

Wer Sinn für schöne Momente am Wasser hat, kann hier ein bisschen träumen – vor allem morgens und spät abends, wenn die Sonne auf- oder untergeht. Erreichbar ist die Mündung über die Neckarvorlandstraße, der man bis zu einem großen Firmenparkplatz folgt, von wo eine für den öffentlichen Verkehr gesperrte Privatstraße weiterführt.

▷ *Die Neckarmündung im Norden Mannheims*

Der Neckar: Mannheims zweite Lebensader

Zugegeben, wirtschaftlich ist der Rhein noch immer die für die Stadt gewichtigere Schifffahrtsstraße, aber ohne den Neckar wäre Mannheims Hafen sicher viel kleiner. Seit der Fluss als Bundeswasserstraße ausgebaut wurde, werden über Mannheim auch die größeren Häfen in Plochingen, Stuttgart und Heilbronn bedient.

Schon zur Römerzeit wurde der Neckar hin und wieder zum Transport von Baumaterialien genutzt. Wichtiger wurde der Fluss aber erst im zweiten Jahrtausend, als man ihn zum Flößen von Holz aus dem Nordschwarzwald nutzte. Es wurde zum einen als Brennholz gebraucht, in Holland aber auch zum Bauen verwendet.

Lebhafter wurde es Anfang des 19. Jahrhunderts auf dem Neckar, als der Bau eines Umgehungskanals in Heilbronn und weitere Ausbaumaßnahmen die Schifffahrt von Mannheim bis Cannstatt durchgängig möglich machten. Mitte des Jahrhunderts betrieb die Heilbronner Neckar-Dampfschifffahrt eine regelmäßige Personenverbindung zwischen Mannheim und Heilbronn. Weil die Dampfer auf dem wegen seiner Untiefen und Stromschnellen gefürchteten Neckar nicht genügend Pferdestärken hatten, wurden sie zunächst weiter vom Ufer aus von Pferden flussaufwärts gezogen. 1878 begann man deshalb mit der sogenannten Kettenschleppschifffahrt und die Dampfer wurden mit ihren angehängten Lastkähnen an einer im Fluss verlegten Kette von Mannheim nach Heilbronn gezogen. Dadurch verkürzte sich die Fahrzeit von fünf bis acht auf zwei bis drei Tage.

Mit dem Ausbau des Neckars begann 1925 schließlich die motorisierte Güterschifffahrt. Planspiele sahen sogar vor, die Schwäbische Alb zu untertunneln, um den Rhein über den Neckar an die Donau anzuschließen. 1968 war der Neckar schließlich zur Großschifffahrtsstraße ausgebaut. 27 Staustufen sorgten für freie Fahrt zwischen Plochingen und Mannheim. Das letzte Wehr liegt im Stadtteil Feudenheim und besteht aus einer Doppelschleuse aus dem Jahr 1927, die 1973 um eine knapp 190 Meter lange dritte Schleusenkammer ergänzt wurde.

Jahrhundertelang waren die Gebiete rechts des Neckars von Mannheim nur per Boot oder über Schiffsbrücken zu erreichen. Das änderte sich 1845 mit der Fertigstellung einer Kettenbrücke, die 1891 durch eine schmiedeeiserne Brücke ersetzt wurde. Nach deren Zerstörung im Zweiten Weltkrieg wurde an ihrer Stelle eine Balkenbrücke (Kurpfalzbrücke) gebaut. 700 Meter flussabwärts führt die Friedrich-Ebert-Brücke über den Neckar, flussaufwärts die Jungbuschbrücke. Feudenheim und Neuostheim verbindet die Carlo-Schmid-Brücke, die längste von allen. Für Fußgänger gibt es den Collini-Steg, einen Fußgängerüberweg.

㉕ Rhein-Neckar-Hafen Mannheim ★ [B5]

Gleich vier Hafenanlagen bilden **Deutschlands zweitgrößten Binnenhafen.** Hier werden in guten Jahren mehr als zehn Millionen Tonnen umgeschlagen, darunter etwa 15.000 Traktoren. Mineralische Brennstoffe, chemische Erzeugnisse, Nahrungs- und Futtermittel machen den Großteil der Güter und Waren aus. Rund 500 Unternehmen, die 20.000 Arbeitsplätze bereitstellen, sind in den Hafenanlagen zu Hause. Mit dem Hafen in Ludwigshafen haben die Mannheimer einen Kooperationsvertrag.

An das Stadtviertel Jungbusch ㉓ grenzt der **Handelshafen,** dessen Ufer Rhein und Neckar bilden. Hier befinden sich auch ein großes Containerterminal und der älteste Hafenteil. Der **Rheinauhafen** liegt südlich der Stadt und verfügt über eine Roll-on-Roll-off-Anlage. Sie erlaubt es, mit Lastwagen direkt auf die Schiffe zu fahren, anstatt sie mit einem Kran zu verladen. **Altrhein- und Industriehafen** finden sich ganz im Norden. Dort haben sich zahlreiche Unternehmen angesiedelt, die die angelieferten Waren direkt weiterverarbeiten.

Am besten lernt man den Hafen zwischen April und Anfang Oktober auf einer kleinen (90 Minuten) oder großen (135 Minuten) **Hafenrundfahrt** kennen.

❯ Hafenrundfahrten mit der „Kurpfalz", Preise und Zeiten siehe www.kurpfalz-personenschifffahrt.de

Sehenswertes außerhalb des Stadtzentrums

㉖ Neckarstadt ★ [D1]

Auf der östlichen Seite des Neckars liegt der Stadtteil Neckarstadt. Er erstreckt sich zwischen Industriehafen und Hauptfriedhof gut zweieinhalb Kilometer am Neckar entlang. Bis in die frühe zweite Hälfte des 19. Jahrhunderts waren dort, wo jetzt Häuser stehen, meist nur Gärten. Doch als der Wohnraum in der Quadratestadt auf der anderen Seite des Neckars immer knapper wurde, beschloss die Stadt 1872 die Anlage der „Neckarvorstadt", aus der die heutige Neckarstadt wurde. Begünstigt vom industriellen Aufschwung um die Jahrhundertwende war ihre Bebauung schon Anfang des 20. Jahrhunderts weitgehend abgeschlossen. Weil Neckarstadt in beiden Weltkriegen nicht schwer beschädigt wurde, finden sich dort auch noch ganze Häuserzeilen mit **stattlichen Bauten aus der Gründerzeit.** Sie bilden den Kontrast zu den drei Hochhäusern, welche die Uferfront zwischen Kurpfalzbrücke und Collini-Steg beherr-

⸻

Mein Tipp

Frühstück in Neckarstadt

Die große Auswahl an Frühstücksangeboten im Kleinen Café kann ganz individuell zusammengestellt werden. Viel Wert legt man auf Nachhaltigkeit und gesunde Lebensmittel. Der Kaffee wird ausschließlich mit Espressobohnen zubereitet. Mittags locken leckere Salate, Pasta und Suppen, Crêpes und hausgemachte Kuchen.

◗6 [F3] **Kleines Café** 🍴, Eichendorffstraße 8, Tel. 0621 1818146, www.kleines-cafe.de, Mo., Mi.–Fr. 10–18, Sa., So. 9–18 Uhr

schen, der Fußgängerbrücke über den Neckar.

Neckarstadt besteht aus den Teilen Ost und West. Bekanntestes Gebäude ist die **Alte Feuerwache** (s. S. 101) gleich jenseits der Kurpfalzbrücke. Das über hundert Jahre alte Gebäude, ein neobarocker Bau mit einem 42 Meter hohen Turm, in dem früher die Feuerwehrschläuche getrocknet wurden, ist heute ein beliebter Veranstaltungsort. Wo einst die Löschfahrzeuge parkten, ist jetzt Platz für Partys, Jazz und Weltmusik, Dichterlesungen, gesellschaftliche Diskussionen, Tanz und Theater.

Herzstück der Neckarstadt-Ost ist die **Lange Rötterstraße**, die einmal Fahrradstraße werden soll. Modische Boutiquen finden sich hier neben Fahrradläden, hippen Cafés und Restaurants. Als eine der Vorzeigestraßen des Viertels gilt die **Max-Joseph-Straße** mit ihren vielen schattenspendenden Bäumen, die von der Alten Feuerwache nach Norden bis zum Herzogenriedpark führt. Ein bisschen an den Berliner Ortsteil Prenzlauer Berg fühlt sich mancher Besucher am **Clignet-Platz** erinnert, dessen Spielplatz bei Eltern mit Kindern hoch im Kurs steht.

Zu den größten Arbeitgebern in Neckarstadt zählt das **Universitätsklinikum** (s. S. 101) mit seinen Bauten am Neckarufer. Gegenüber liegt Mannheims Mitte des 19. Jahrhunderts angelegter **Hauptfriedhof**. Dort sind neben dem **BASF-Gründer Friedrich Engelhorn** (Mausoleum, Grabnummer 106) auch der Schriftsteller **August von Kotzebue** (Grab-

Herzogenriedpark – die Grüne Lunge der Neckarstadt

Der Herzogenriedpark ist Mannheims zweitgrößte Parkanlage. Sie wurde Ende der 1920er-Jahre als Festwiese angelegt. Im Zweiten Weltkrieg nutzten die Mannheimer das Gelände militärisch und landwirtschaftlich, ehe es die Amerikaner nach Kriegsende als Benzinlager verwendeten. Zu seiner heutigen Gestalt fand der 22 Hektar große Park schließlich mit der Bundesgartenschau 1975. Damals entstand neben vielen neuen Gartenanlagen die größte freitragende Holzgitterschalenkonstruktion der Welt, die sogenannte Multihalle. Als „Wunder von Mannheim" wurde sie ihrer architektonischen Gestaltung wegen gerühmt.

Die Halle bot ebenso Live-Fernsehsendungen wie dem „Blauen Bock"-Raum wie den Rockern von AC/DC. 1998 wurde sie unter Denkmalschutz gestellt. Da sich ihre Holzkonstrukti-on, ein mehrfach gekrümmtes Gitter aus Dachlatten, verformt hat, soll sie in den nächsten Jahren gründlich renoviert werden.

Der Herzogenriedpark punktet heute mit vielen Angeboten für Kinder, zu denen ein riesiges Kletternetz ebenso gehört wie Trampoline, ein Höhlenlabyrinth und ein Wasserspielplatz. Auch ein Streichelzoo und eine überdachte Minigolfanlage mit 18 Bahnen findet sich neben vielen Ruhebänken im Park. Im Sommer ist das Rosarium mit seinen über 100000 Rosen in allen Farben die Hauptattraktion.

•7 [G1] **Herzogenriedpark,** Max-Joseph-Straße 64, Tel. 0621 4100558, www.herzogenriedpark.de, Mai–August 9–20, April und Sept. 9–19.30, März und Okt. 9–18.30, Nov.–Febr. 9–16.30 Uhr, Eintritt: 3,50 € (Kinder ab 6 Jahren 2 €)

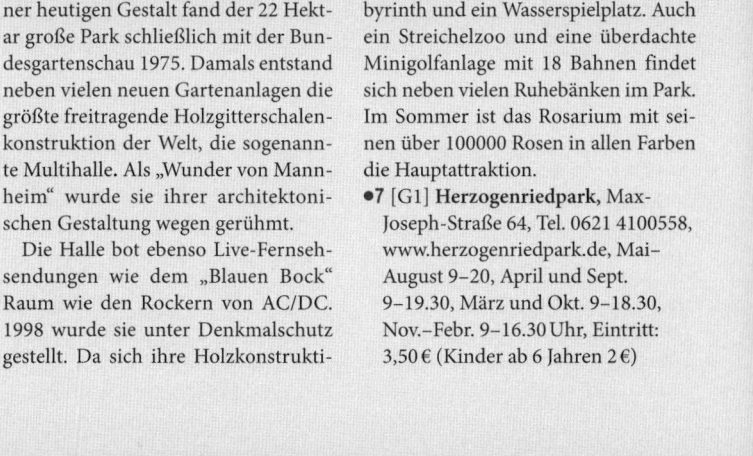

nummer 138), der in Mannheim ein antiliberales Wochenblatt herausgab, und sein Mörder, der Burschenschaftler **Karl Ludwig Sand** (Grabnummer 83) begraben. Der Mordfall im Jahr 1819 war Anlass für die sogenannten **Karlsbader Beschlüsse**, welche die Pressefreiheit in Deutschland stark einschränkten und für zahlreiche liberal und national gesinnte Professoren ein Berufsverbot brachten.

Ebenfalls in Neckarstadt, im Grenzgebiet zwischen dem östlichen und westlichen Teil, kam übrigens Deutschlands Automobilproduktion ins Rollen, als **Carl Benz** die Fertigung seiner Motoren aus der kleinen Werkstatt in der engen Quadratestadt in die Waldhofstraße auf die andere Seite des Neckars verlegte. Heute gehören die **Motoren Werke Mannheim** dem US-Baumaschinen-Hersteller Caterpillar.

Mannheims Urlandschaft: die Reißinsel

Wer wissen will, wie es am Rhein einmal ausgesehen hat, besucht das Naturschutzgebiet Reißinsel, eine unbebaute Aue, die zum Großteil sich selbst überlassen ist. Zugegeben, eine Insel ist das in einen Rheinbogen eingebettete Überflutungsgebiet nicht, aber eine großteils unberührte Landschaft, in der wilder Wein wächst. Eine Kletterpflanze, die im Herbst an ihrer roten Laubfärbung gut zu erkennen ist und sich zum Teil haushoch die Bäume hinaufschlingt!

Eigentlich sollte aus dem Gebiet, das früher einmal Fasaneninsel hieß, eine große Tongrube zur Ziegelfertigung werden. Das aber blieb dem heutigen Naturschutzgebiet erspart, weil es der Mannheimer Ehrenbürger Carl Reiß kaufte und schließlich der Stadt schenkte. „Die Insel ist möglichst in dem jetzigen Zustand zu erhalten und der öffentlichen, allgemeinen Benützung unentgeltlich zu übergeben. Die Insel soll auf ewige Zeiten erhalten bleiben und den Einwohnern meiner Vaterstadt zur Erholung dienen", verfügte er 1911 in seinem Testament. Und weiter: „Die Insel hat, solange sie besteht, den Namen ‚Reiß-Insel' zu führen."

Heute bildet sie gemeinsam mit dem naturbelassenen Waldpark eine 275 Hektar große Fläche, die nicht durch Dämme geschützt ist und somit bei Hochwasser regelmäßig vom Rhein überflutet wird. Sie ist das Reich der Silberweiden, die selbst noch weiterleben, wenn sie das Hochwasser umwirft. Auf den höheren Stellen wachsen Harthölzer wie Eiche, Ulme und Esche. Allerdings hat das Ulmensterben in den letzten Jahrzehnten große Lücken gerissen. Wegen seiner vielen Bäume ist das Gelände Heimat zahlreicher Vogelarten, zu denen auch der seltene Mittelspecht gehört, der Baumkronen mit groben Ästen liebt. Zum Schutz der Tiere ist die ursprünglich für Besucher ganz gesperrte Reißinsel nur von Juli bis Februar zugänglich. Am Zugang „Kuckucksinsel", erreichbar über einen betonierten Weg vom Parkplatz am Strandbad aus, startet ein ausgeschilderter Rundweg, der interessante Einblicke in die Naturlandschaft gewährt.

- ●**8 Reißinsel.** Vom Hauptbahnhof Mannheim verkehrt die Straßenbahnlinie Nr. 3 bis nach Neckarau. Fahrzeit: ca. 40 Minuten. Von der Endhaltestelle führt ein Fußweg zum Parkplatz am Strandbad und weiter zur Kuckucksinsel.

㉗ Neckarau ★

Im Südwesten Mannheims liegt der Stadtteil Neckarau, den Freizeitsportler wie Jogger oder Radfahrer ebenso schätzen wie Sonnenanbeter und Naturliebhaber. Das liegt an seinen Naturschutzgebieten, zu denen neben der **Reißinsel** (s. S. 58) auch das Gebiet Bei der Silberpappel gehört. Die Reißinsel ist eine typische Rheinauenlandschaft mit Auenwäldern und Wiesen, die von Juli bis Februar auch Besuchern offensteht. Das benachbarte **Naturschutzgebiet Bei der Silberpappel** darf wegen seiner geschützten Fauna und Flora nur auf einem vorgeschriebenen Weg durchquert werden. Wie sein Name schon sagt, prägen den rheinnahen Auwald vor allem Silberpappeln. Zu den seltenen Tieren, die dort leben, gehört neben der Erdkröte auch die Wasserfledermaus.

Im Sommer ist der **Stollenwörtweiher** mit seinen zwei Freibädern, zu denen auch ein beheizbares Kinderbecken gehört, eine begehrte Adresse. Viel gelobt wird die Wasserqualität der ausgebaggerten **Kiesseen.** Sie werden vor allem zum Schwimmen genutzt, was im benachbarten Rhein offiziell verboten ist. Trotz-

dem gibt es in Neckarau noch immer ein frei zugängliches **Strandbad** direkt am Fluss, wo sich schon in den 1920er-Jahren an heißen Tagen bis zu 25.000 Menschen drängten. „Lido der Kurpfalz" nannte es der Volksmund früher stolz. Weil die Stadt aber in den 1970er-Jahren das Baden im Rhein verbot, verlor der Flussabschnitt an Bedeutung und man traf sich allenfalls noch zum Grillen und Sonnenbaden.

Von der Lage am Rhein profitiert das bis zur Eingemeindung nach Mannheim 1899 größte badische Dorf Neckarau aber bis heute. So haben sich in seinem Süden zahlreiche **große Firmen** an den Hafenanlagen angesiedelt. Dass der Stadtteil nach dem Neckar benannt ist, liegt daran, dass dieser hier früher einmal in den Rhein floss – und nicht wie heute im Norden der Stadt. In Neckarau gibt es auch eine Fähre, welche die Überfahrt ins rheinland-pfälzische Altrip mit seinen schönen Badeseen möglich macht.

☑ *Mannheims Strandbad im Stadttteil Neckarau ist steinig*

0-31.mh-gs

28 SAP-Arena ★

Wer sich über die A656 aus Richtung Heidelberg Mannheim nähert, kann die **Multifunktionshalle** mit ihren bis zu 15.000 Plätzen auf der linken Sei-

te eigentlich kaum übersehen. Wie ein Ozeandampfer thront dort im Stadtteil Hochstätt die SAP-Arena. Große Konzerte – zum Beispiel von Sting, Madonna, Helene Fischer oder Elton John – gehen dort ebenso über die

Sepp Herberger: „Das Runde muss in das Eckige"

Für Millionen Deutsche verkörperte ein gebürtiger Mannheimer in der noch jungen Bundesrepublik deutsche Tugenden wie Fleiß, Kampfeswillen und Gemeinschaftsgeist. Josef Herberger, meist nur Sepp genannt, bescherte Deutschland als Bundestrainer den ersten Titel als Fußballweltmeister. Als „Wunder von Bern" ging der Sieg der Deutschen über das favorisierte Team aus Ungarn in die Geschichte ein.

Geboren wurde Herberger 1897 in einer Arbeitersiedlung im heutigen Stadtteil Waldhof. Aufgewachsen in einer achtköpfigen Familie, der angeblich nur zwei Zimmer zur Verfügung standen, zerstörte der frühe Grippetod seines Vaters seinen Traum vom Abitur. Mangels Schulgeld blieb nur der Volksschulabschluss. Mit seinen Freunden kickte er zwischen den Häuserblocks der Nachbarschaft, auf deren Mauern man mit Kreide die Tore eingezeichnet hatte. Beim SV Waldhof verdiente er sich als Stürmer erste sportliche Meriten. 1921 stand er schließlich erstmals als Spieler in der deutschen Nationalmannschaft.

Als er als Vereinsspieler vom SV Waldhof zum Lokalrivalen VfR Mannheim wechselte, nahmen ihm das die Waldhöfer übel. Schließlich waren Vereinswechsel in jener Zeit verrufen. 1926 ging Herberger nach Berlin, wo er mit Tennis Borussia einen neuen Verein fand. Pro forma stellte ihn ein Mäzen des Fußballclubs für 350 Mark in seinem Bankhaus an. Parallel schloss der

Mannheimer mit einer Ausnahmegenehmigung sein Studium als Diplomsportlehrer ab, Voraussetzung für seine spätere Arbeit als Reichstrainer der deutschen Nationalmannschaft, in der aus politischen Gründen zeitweise auch Spieler aus Österreich integriert waren.

Nach dem Zweiten Weltkrieg – Herberger wurde nur als „Mitläufer" im NS-Staat angesehen – beauftragte ihn der Deutsche Fußball-Bund erneut mit dem Aufbau einer Nationalmannschaft, mit der er schließlich 1954 Weltmeister wurde – vor allem auch dank seines Lieblingsschülers Fritz Walter. „Wenn ihr es im Sport zu was bringen wollt, muss sich eure ganze Lebensweise danach richten", hatte er seinen Spielern vorher mit auf den Weg gegeben. „Es versteht sich wohl von selbst, dass Rauchen, Trinken und unvernünftiges Essen für einen angehenden Nationalspieler nicht in Betracht kommen."

Mit 67 Jahren trat Herberger von der großen Fußballbühne ab und machte Platz für Helmut Schön. 92 Siege, 26 Unentschieden und 44 Niederlagen waren die Bilanz seiner Trainerarbeit seit 1921. Zurück blieben neben dem „Wunder von Bern" vor allem seine Sprüche wie „Fußball ist deshalb spannend, weil niemand weiß, wie das Spiel ausgeht". Sein Geheimnis aber war die Erkenntnis für jeden Mannschaftsaufbau: „Elf Freunde müsst ihr sein." In Waldhof erinnert der Seppl-Herberger-Platz bis heute an den 1977 verstorbenen Fußballlehrer.

Bühne wie Eistanz („Holiday on Ice") oder Show-Sport („Harlem Globetrotters"). Auch das Fernsehen nutzt die riesige Halle gern für Veranstaltungen wie „Germany's Next Top Model".

Vor allem aber prägen **Sportvereine** für Hand- und Volleyballer das Bild der Arena. Am populärsten ist jedoch **Eishockey**, gehören Mannheims Adler doch zu den erfolgreichsten deutschen Teams in dieser Sportart. Die **Adler Mannheim**, hervorgegangen aus dem 1938 gegründeten Mannheimer Eis- und Rollsport-Club (ERC), sind seit 1994 Mitglied der Deutschen Eishockey Liga (DEL), der höchsten deutschen Spielklasse. Seitdem haben sie schon mehrfach den Deutschen Meistertitel errungen oder den jährlich ausgespielten Pokal des Deutschen Eishockeybundes gewonnen. Während sich in anderen deutschen Städten meist alles um den Fußball dreht, haben in Mannheim spektakuläre Spiele der kufensicheren Eisflitzer fast vergessen lassen, dass mit **Sepp Herberger** (s. S. 60) einst ein Mannheimer Fußballgeschichte schrieb. Heute füllen die Adler mit durchschnittlich fast 12.000 Zuschauern pro Spiel die SAP-Arena, was einer Auslastung von über 85 Prozent entspricht. Kein Wunder, dass die Spiele im „Adler-Horst" zu den Attraktionen Mannheims zählen. Wie groß die Popularität des Vereins inzwischen ist, zeigt sich auch an den vielen Fanclubs, die in ganz Südwestdeutschland zu Hause sind. Und wie bei Bundesligaspielen beleben auch die Eishockeyfans mit eigenen Choreografien manches Spiel. Bekannt ist die Arena zudem längst für den sogenannten „Teddy Bear Toss", wenn die Zuschauer in der Vorweihnachtszeit nach amerikanischem Vorbild Teddybären auf das Spielfeld werfen, die

anschließend gemeinnützigen Organisationen gespendet werden.

❯ https://saparena.de, an Veranstaltungstagen gibt es gleich mehrere Möglichkeiten, die Arena per Bahn, Tram oder Bus zu erreichen. Ausführliche Informationen unter: https://saparena.de/besucherservice/anfahrt-parken/#oepnv.
❯ www.adler-mannheim.de

㉙ Ludwigshafen am Rhein ★★ [A7]

Ludwigshafen und Mannheim bezeichnen sich gern als Schwesterstädte. Mit gut 172.000 Einwohner ist die pfälzische Metropole aber nur halb so groß wie ihr badisches Gegenstück. Beide sind längst zusammengewachsen und teilen sich neben dem Straßenbahnnetz sogar die Telefonvorwahl 0621. Sichtbarer Ausdruck ihrer Verbindung ist auch der Rosenmontagszug, der jährlich abwechselnd auf einer der beiden Seiten des Rheins stattfindet – also einmal auf rheinland-pfälzischem, einmal auf baden-württembergischem Boden.

Die Verbindung zwischen Mannheim und Ludwigshafen, heute garantiert durch Straßen- und Eisenbahnbrücken, hat eine lange Geschichte. So stand linksrheinisch einmal ein wichtiger Bau: die **Rheinschanze**. Mit ihr sicherte der pfälzische Kurfürst Friedrich IV. (1583–1610) die Rheinüberquerung von seiner neuen Friedrichsburg, die ein Anlass zur Gründung der Stadt Mannheim war.

Ein Mannheimer sorgte Mitte des 19. Jahrhunderts auch für den Aufschwung Ludwigshafens zur Großstadt. Weil für die neu gegründete „Badische Anilin- und Sodafabrik", die heutige **BASF**, rechtsrheinisch angeblich kein Platz war, verlegte der Unternehmer **Friedrich Engelhorn** sein neues Werk auf die Mannheim gegenüberliegende Rheinseite. Wichtiger für ihn war aber sicher, dass in dem damals zur bayerischen Rheinpfalz gehörenden Ludwigshafen Industrieansiedlungen kräftig unterstützt wurden und Engelhorn für den BASF-Bau eine Subvention von 1,5 Millionen Gulden kassierte.

Mit rund 40.000 Beschäftigten ist die BASF bis heute der größte Arbeitgeber der Stadt und ihr wirtschaftliches Rückgrat.

Dank der BASF wurde Ludwigshafen innerhalb weniger Jahrzehnte zur Großstadt mit über 100.000 Einwohnern. Ein Großteil ihrer Arbeiter siedelte sich im Hemshof an, dessen Gründerzeitbauten Ludwigshafens Altstadt ausmachen. Heute ist der Hemshof ein multikulturelles Quartier und das Ausgehviertel der Stadt.

Im **Besucherzentrum** des Chemiegiganten mit seinen 2000 Quadratmetern **Ausstellungsfläche** im ehemaligen Badehaus der Firma zählt man jährlich rund 50.000 Besucher. Fotos und Filme dokumentieren den **Werdegang des Unternehmens**, das heute an rund 400 Standorten in aller Welt vertreten ist. Eine **Modellwohnung** zeigt, wo und in welcher Form BASF-Produkte inzwischen zur Anwendung kommen. Außerdem ist zu sehen, was das Werk in **3-D-Druckern** fertigt. Die Nase ist an einer **Riechorgel** gefragt, wo man lernt, dass sich natürliche und künstliche Duftstoffe kaum unterscheiden lassen, und in der „Schatzkammer" sind mehr als 70 originale Exponate zu sehen, vor allem Urkunden aus der Firmengeschichte. Außerdem kann man an **Führungen** und **Rundfahrten über das Werksgelände** teilnehmen.

Eine der Sehenswürdigkeiten Ludwigshafens ist die **Wallfahrtskirche Mariä Himmelfahrt** im Stadtviertel Oggersheim. Die Kirche stand einst neben dem Oggersheimer Schloss, dem Sommersitz der Kurfürstin Elisabeth Augusta, von dem allerdings nur noch Kellerreste und Fassadenstücke übriggeblieben sind. Die Kirche ist dagegen bis heute bestens erhalten. Ihr Kern ist eine 1729 im Schlosspark errichtete Loretokapelle: eine Nachbildung der Santa Casa im italienischen Loreto, der Legende nach das Geburtshaus der Gottesmutter. In der Kapelle steht bis heute auch eine originalgetreue Kopie des Gnadenbildes aus Loreto, eine **schwarze Marienfigur.** Sie gilt seit 1733 als Patronin der Kurpfalz, was den Status der Kirche als **Wallfahrtsstätte** erklärt.

1775 wurde die Wallfahrtskapelle mit der heutigen Kirche überbaut, um für die Wallfahrer noch mehr Raum, eine Kanzel, einen Taufstein, Beichtstühle und Platz für eine Orgel zu schaffen. Heute ist sie eines der besten Beispiele **höfischer Repräsentationsarchitektur** auf der linken Rheinseite und noch immer werden dort die **Marienfeste** von Mariä Lichtmess (2. Februar) bis zum Fest der Unbefleckten Empfängnis (8. Dezember) groß gefeiert.

Nur wenige Gehminuten von der Kirche entfernt steht das **Schillerhaus**, ein ehemaliger Gasthof, in dem Schiller einst mehrere Wochen wohnte, um an seinen Werken zu schreiben. Handschriften und Erstausgaben seiner Werke erinnern dort heute an diesen Aufenthalt. Bekannt ist der Stadtteil zudem, weil hier für viele Jahre der ehemalige Bundeskanzler und frühere rheinland-pfälzische Ministerpräsident **Helmut Kohl** seinen Wohnsitz hatte.

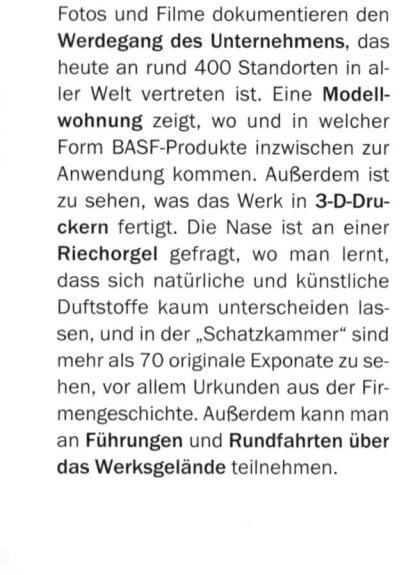

Das neue Ludwigshafen

Eines der Wahrzeichen Ludwigshafens, das im Zweiten Weltkrieg stark zerstört wurde, ist das **Wilhelm-Hack-Museum,** ein Kulturtempel von überregionalem Ansehen. Er präsentiert die Sammlung des Kölner Kaufmanns und Kunstliebhabers Wilhelm Hack (1899–1985), die er der Stadt Ludwigshafen gestiftet hatte. Seine Werke bildeten den Grundstock für die größte pfälzische Sammlung moderner und zeitgenössischer Kunst. Die großflächig verkleidete Fassade des Museums schuf **Joan Miró** (1893–1983), ein spanischer Maler, Bildhauer und Keramiker. Sie war eigentlich nicht geplant, da die Außenwand des Museumsbaus aber größer als vorgesehen geraten war, suchte man nach einem Schmuckstück, um den Konstruktionsfehler zu kaschieren. Dafür fanden sich mit Miró und einem Keramiker zwei Künstler, die in einem eigens gefertigten Brennofen in einem katalanischen Bergdorf das größte Kunstwerk Mirós schufen: eine 55 Meter breite und zehn Meter hohe Wand, verschönert mit 7200 Keramikfliesen.

Ein eigenes Museum ist dem in Ludwigshafen geborenen Philosophen **Ernst Bloch** (1885–1977) gewidmet. Im Keller des Hauses hat man – einsehbar durch eine begehbare Glasplatte – das letzte Arbeitszimmer des Philosophen mit originalem Inventar rekonstruiert. Der heute der neomarxistischen Schule zugerechnete Arbeitersohn war 1939 nach Amerika geflohen, kehrte nach dem Ende des Zweiten Weltkriegs aber nach Deutschland zurück, um in Leipzig als Philosophieprofessor zu arbeiten. Eine Reise in die Bundesrepublik nutzte er schließlich, um überzusiedeln und in Tübingen den Rest seines Lebens zu verbringen, wo er Gastprofessor an der Universität war. 1967 erhielt er den Friedenspreis des Deutschen Buchhandels. Die Ausstellung informiert über sein Leben, aber auch über die wichtigsten philosophischen Themen des Denkers: Hoffnung, Aufrechter Gang, Künste, Naturallianz, Heimat, Arbeitskultur und Religion.

☑ *Mosaikwand von Joan Miró am Wilhelm-Hack-Museum (s. S. 64)*

058mb-gs

Neueste Visitenkarte der Stadt ist die **Rheinpromenade.** Sie reicht von der alten Pegeluhr am Luitpoldhafen über die Parkinsel bis zum staatlichen Getreidespeicher nördlich der **Rhein-Galerie** (s. S. 77), einem Einkaufszentrum, das auch vom Mannheimer Rheinufer aus nicht zu übersehen ist. Es ist ein ehemaliger Auwald, der heute zur Erholung und Freizeitgestaltung dient – etwa beim **Festival des deutschen Films Ludwigshafen am Rhein** (www.festival-des-deutschen-films.de), dem zweitgrößten deutschen Filmfestival. Schmuckstück an der Rheinpromenade sind die alte **Pegeluhr** und die ehemalige **Kammerschleuse**, mit der man Ende des 19. Jahrhunderts verhindern wollte, dass die Strömung des Rheins durch den mehr als zwei Kilometer langen Hafen der Stadt führte.

☑ *Die schwarze Marienfigur ist in der Wallfahrtskirche Mariä Himmelfahrt zu Hause*

059mh-gs

❯ Von Mannheim nach Ludwigshafen fährt man am besten mit der Bahn oder der S-Bahn. Am schnellsten sind neben Regionalzügen die S-Bahnen 1 bis 5 vom Mannheimer Hauptbahnhof zum Bahnhof Ludwigshafen Mitte. Von dort aus sind die Museen schnell zu erreichen. Zum Besuch der Wallfahrtskirche in Oggersheim eignet sich am besten die S6, die in sechs Minuten vom Mannheimer Hauptbahnhof zum Bahnhof Oggersheim fährt. Von dort sind es noch zehn Fußminuten zur Kirche.

❶ **9** [A7] **Tourist-Information Ludwigshafen,** Berliner Platz 1, 67059 Ludwigshafen, Mo.–Fr. 9–13 und 14–17 Uhr

★ **10 Besucherzentrum BASF,** Carl-Bosch-Straße 38, 67063 Ludwigshafen, Tel. 0621 6071640, Ausstellung Mo.–Fr. 9–17 Uhr, Führung durch die Ausstellung Mo.–Fr. 11–12 und 14.30–15.30 Uhr, Werksrundfahrt Mo.–Fr. 12–13 und 13.30–14.30 Uhr, jeden zweiten Samstag im Monat „Erlebnis-Samstag" mit Kid's Lab (6–12 Jahre), weitere Informationen und Online-Anmeldemöglichkeit für die Führungen/Werksrundfahrten siehe Website

🏛 **11** [B7] **Ernst Bloch Zentrum,** Walzmühlstraße 63, 67061 Ludwigshafen, Tel. 0621 5043041, www.bloch.de, Di., Mi. 14–17, Do. 14–20 Uhr, Eintritt frei, Sonderausstellung 4 €, erm. 2 €

🏛 **12 Schillerhaus Oggersheim,** Schillerstraße 6, 67071 Ludwigshafen, www.schiller-in-oggersheim.de, Mi. 10–12, 14–18, Fr. 14–17 Uhr, Eintritt frei

👥 **13 Wallfahrtskirche Mariä Himmelfahrt,** Kapellengasse 8, 67071 Ludwigshafen, Eintritt frei. Die Kirche ist tagsüber geöffnet, über die Gottesdienst- und Gebetszeiten informiert die Website.

🏛 **14 Wilhelm-Hack-Museum,** Berliner Str. 23, 67059 Ludwigshafen, www.wilhelm hack.museum, Di., Mi., Fr. 11–18, Do. 11–20, Sa., So. und Feiertage 10–18 Uhr, Eintritt 7 €, erm. 5 €

MANNHEIM ERLEBEN

Mannheim für Kunst- und Museumsfreunde

Kunst und Kultur werden in Mannheim großgeschrieben. Davon zeugen die sehenswerten Museen der Stadt. Ihre Flaggschiffe sind die **Reiss-Engelhorn-Museen** ➎, ein Zusammenschluss von Museen, die sich nicht nur mit Kunst und Kultur, sondern auch mit Naturwissenschaft und Völkerkunde beschäftigen. Kunst von Weltrang ist in der **Kunsthalle** ⓮ am Friedrichsplatz zu Hause. Technische Entwicklungen und Phänomene beleuchtet das **TECHNOSEUM** ㉑ und nur wenig weiter entführt das **Planetarium** ⓳ in die unendlichen Weiten des Weltalls. Eine eigene **Kunstmeile** (s. S. 68) führt längs durch die Stadt und die Freiluftgalerie **Stadt.Wand.Kunst** (s. S. 68), die sich ganz der Graffiti-Kunst verschrieben hat, wird immer größer.

Auch Mannheims **musikalisches Leben** ist voller Vielfalt, wird in Clubs gepflegt und zeigt sich mit der hier ansässigen Popakademie auch akademisch. Stolz darf sich die Stadt deshalb mit dem **UNESCO-Titel „City of Music"** schmücken (s. S. 91).

Museen

⓮ [E6] **Kunsthalle Mannheim.** Ein einmaliges, auch architektonisch spannendes Museum mit Kunst vom 19. Jahrhundert bis zur Gegenwart (s. S. 37).

⓲ [H7] **Mannheimer Kunstverein.** Museum mit Wechselausstellungen zur aktuellen Kunst.

15 [C1] **Marchivum**, Archivplatz 1, Tel. 0621 29323926, www.marchivum.de,

◁ *Vorseite: Beim Bummel auf den Planken* ➐*, dem Einkaufsparadies in der Altstadt*

Di., Do.–So. 10–18, Mi. 10–20 Uhr, 5 €, Familienticket 10 €. Sehenswerte multimediale und interaktive Ausstellung in Neckarstadt, welche die Stadtgeschichte mit Originaldokumenten und -objekten, Bildern, Filmen und Videos auf mehr als 500 Quadratmeter Ausstellungsfläche nachzeichnet. Zudem bietet die Schau die einmalige Gelegenheit, im Nachbau des ersten deutschen Automobils eine virtuelle Stadtrundfahrt durch das alte Mannheim zu machen.

➎ [C5] **Reiss-Engelhorn-Museen.** Museumsverbund mit Häusern zur Kultur-, Kunst- und Stadtgeschichte. Bekannt für seine renommierten Sonderausstellungen (s. S. 24).

➊ [C6] **Schloss Mannheim.** Ausstellung im ehemals kurfürstlichen Schloss. Sie erzählt von Zeiten höfischen Glanzes, vom Alltag der Kurfürsten, aber auch von ihren Festen und Feiern (s. S. 14).

㉑ [K8] **TECHNOSEUM.** Sehenswertes Landesmuseum, das interaktiv und spielerisch die oft komplizierte Welt der Wissenschaft und Technik erklärt, sich aber

> **MEIN TIPP**
>
> **Museumspass**
> Für Kunstinteressierte, die viel unterwegs sind, lohnt sich der **Museums-PASS-Musées**. Für 112 € ermöglicht er den kostenfreien Zugang zu fast 350 Museen und Kultureinrichtungen im deutschen Südwesten, der Schweiz und Frankreich. In Mannheim gehören dazu die Kunsthalle ⓮, das TECHNOSEUM ㉑, die Reiss-Engelhorn-Museen ➎, das Mannheimer Schloss ➊, der Mannheimer Kunstverein ⓲ und das Ludwigshafener Wilhelm-Hack-Museum (s. S. 64). Der für ein Jahr gültige Pass ist in den beteiligten Museen und online erhältlich.
> ❯ www.museumspass.com

auch mit Sozialgeschichte beschäftigt (s. S. 51).

🏛 **16 Zeitgeschichtliches Museum Mannheim,** Birnbaumstraße 29–31, Tel. 0179 5034429, www.zgma.de, geöffnet: 1. und 3. Sonntag im Monat: 14–17 Uhr, 5 €. Die militärgeschichtliche Sammlung in einem ehemaligen Bunker zeigt stadtgeschichtlich relevante Uniformen und Ausrüstungen deutscher und amerikanischer Truppen sowie Pläne und Bilder der in Mannheim gebauten Zeppeline.

Kunstgalerien

🖼 **17** [E5] **Galerie Hubert,** R6 3, Tel. 0621 1504595, www.galerie-hubert.de, Mi.–Fr. 11–13 und 14–17.30, Sa. 11–15 Uhr. Galerie für Kunst, Handwerk und Design. Im Angebot sind Malerei, Kleinplastiken, Keramik und Vintage.

🖼 **18** [H6] **Galerie Peter Zimmermann,** Leibnizstr. 20, Tel. 0621 419031, www.zimmermann.de, Do.–Fr. 13–18, Sa. 11–14 Uhr. Programmschwerpunkt ist die informelle Kunst nach 1945.

🖼 **19** [B3] **Port 25 – Raum für Gegenwartskunst,** Hafenstr. 25–27, Tel. 0621 33934397, www.port25-mannheim.de, Mi.–So. 11–18 Uhr. Die Kulturinstitution im Szeneviertel Jungbusch versteht sich als Vermittler aktueller Kunst und zeigt jährlich bis zu vier Ausstellungen, die immer öfter in internationaler Zusammenarbeit entstehen. Meist haben sie eine gesellschaftspolitische Botschaft.

🖼 **20** [G6] **Sebastian Fath Contemporary,** Werderstr. 38, Tel. 0621 7644400, www.fath-contemporary.de, Do.–Fr. 14–19, Sa. 12–16 Uhr. In Wechselausstellungen präsentiert die Galerie in einem Art-déco-Gebäude in der Oststadt rund 20 moderne Künstler.

❯ **Weitere Galerien:** www.mannheim.de/de/kultur-erleben/veranstaltungsorte/weitere-galerien

033mh-gs

⌃ *Alte Lokomotiven gehören zu den Prachtstücken des TECHNOSEUM* **21**

⌄ *Naturwissenschaft wird in den Reiss-Engelhorn-Museen* **5** *großgeschrieben*

014mh-gs

MEIN TIPP

Grafitti mit Renomee

Mannheims größte Freiluftgalerie verteilt sich auf mehrere große Hauswände in der Innenstadt. So ziert die Fassade des Hauses Nr. 8 im Quadrat F6 ein Bild des russischen Künstlers Dmitri Aske, dessen „The Modern Thinker" eines der ersten Murals („Wandbilder") in Mannheim war. Seit 2013 lädt das Projekt Stadt.Wand.Kunst jeden Sommer bekannte nationale und internationale Straßenkünstler ein, ihre Kunst auf ausgesuchten Großflächen zu zeigen.

Auf einer Website des Projekts kann man sich einen guten Überblick über die neue Bildkunst verschaffen, die inzwischen auch in Neckarstadt 26 und im Stadtteil Franklin zu sehen ist. Videos dokumentieren zum Teil den Schaffensprozess der Künstler. Viele Murals haben eine politische Botschaft, andere verkörpern Träume und Sehnsüchte. Da die oft gigantischen Wandmalereien inzwischen ein immer größeres Publikum finden, bietet die Touristeninformation (s. S. 99) geführte Touren zu ausgesuchten Kunstwerken an, entweder 90 Minuten durch die Innenstadt oder zwei Stunden durch den Stadtteil Neckarstadt-West.

> www.stadt-wand-kunst.de

Kunst unter freiem Himmel

Die Denkmäler, Brunnen, Skulpturen, Stelen und Kunstinstallationen in der Stadt sind zahlreich. Seit einem knappen Jahrzehnt prägen die Stadt zudem gigantische Murals. Mannheims Denkmäler entstammen allen Epochen der Stadtgeschichte – von mittelalterlichen Heiligenfiguren und Grabmälern bis zu modernsten Kunstwerken. Sogar eine eigene Kunstmeile gönnt sich die Stadt. Der mit über 50 Skulpturen meist zeitge-

nössischer Künstler gespickte Weg, eine Art Open-Air-Museum, führt vom TECHNOSEUM 21 über die Augustaanlage 17 in die Quadratestadt bis zu den Reiss-Engelhorn-Museen 5. Seinen Anfang markiert „Der tanzende Riese", eine gewöhnlich „Große Mannheimerin" genannte, 13 Meter hohe Plastik des Bildhauers Franz Bernhard (1934–2013). Viele Skulpturen entlang der Kulturmeile sind gewaltige Objekte wie „Das Rad". Es stammt vom polnisch-französischen Künstler Morice Lipsi (1898–1986) und wurde von der Stadt 1964 angekauft. Es sollte an drei Männer erinnern, die in Mannheim das Fahrrad (Karl Drais), das Auto (Carl Benz) und den Traktor (Heinrich Lanz) erfanden.

Denkmäler für Schiller oder Bismarck zieren die nach ihnen benannten Plätze in der Stadt. Im Luisenpark 20 findet sich ebenfalls manches Kunstwerk und in Zusammenarbeit mit der Kunsthalle werden hier gelegentlich auch Kulturspaziergänge angeboten. Zu den Kunstwerken des Parks zählen neben einer Arbeit in Erinnerung an die Anschläge vom 11. September 2001 in New York auch eine Skulpturengruppe aus sardischem Granit, die zwei riesige Steine beim Tanzen zeigt. Möglich macht dies ein ausgeklügeltes technisches System, das den Wasserdruck nutzt.

Dabei war Wasser in Mannheim einmal rar, wovon die relativ kleine Zahl alter Brunnen zeugt – auch wenn die beiden wichtigsten Plätze der Altstadt, Paradeplatz 6 und Marktplatz 8, große Brunnendenkmäler zieren, die längst zu den Sehenswürdigkeiten der Stadt gehören. Kunstobjekten begegnen Besucher auch auf dem Friedrichsplatz 11 – etwa einem schreitenden Löwen des Künstlers Philipp Harth aus dem Jahr 1940.

Mannheim für Genießer

Wenn es ums Essen geht, hat der Besucher in Mannheim die Qual der Wahl. Fisch und Fleisch, Obst, Gemüse, Nudeln und Kartoffeln gibt es satt. Davon zeugen auch die vielen Wochenmärkte (s. S. 79) im Stadtgebiet. Außer der badischen Küche gibt es zwischen Rhein und Neckar aber auch ein wachsendes internationales Angebot. Vor allem in der Quadratestadt, mehr noch aber im Jungbusch oder im Stadtteil Neckarstadt wird gekocht und gebacken, gegrillt und gebrutzelt, was das Zeug hält. So finden sich Sushi, Ceviche, Falafel und Tapas neben argentinischen Steaks und original österreichischem Kaiserschmarrn.

Es wird viel gestritten, ob Baden eine eigenständige Küche hat, wie Lokalpatrioten gern behaupten, oder ob sie nicht eher eine **Melange aus schwäbischer, Schweizer und französischer Kochkunst** ist. Gute **Soßen** hat die Region jedenfalls hervorgebracht, die vielen Gerichten den letzten Pfiff geben. Immer noch spürbar ist der **Einfluss der elsässischen Küche**, deren Flammkuchen und Sauerkraut-Teller sich ebenso auf Mannheims Speisekarten finden wie Pfälzer Wurst- und Kartoffelspezialitäten. Hoch im Kurs stehen aber auch Brezel, die noch immer gern mit Butter bestrichen werden. Typisch badisch sind zudem **Buwespitzle**, eine Spezialität aus durchgekneteten gekochten Kartoffeln, Eiern, Mehl und Butter, die anschließend in heißem Butterschmalz knusprig gebraten werden. Gefragt sind außerdem **Maultaschen**, bestehend aus Nudelteig und Hackfleischfüllung, die es inzwischen auch in vegetarischer Ausführung gibt. Eher selten kommen **Dampfnudeln**

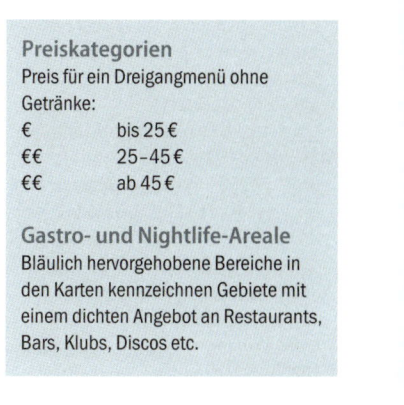

auf den Tisch, eine kalorienhaltige Mehl-Hefe-Speise. Beim **Kerscheplotzer** handelt es sich um Kirschen, die zusammen mit eingeweichten Semmeln, Zucker, Eiern und Kirschwasser in einer Auflaufform gebacken und ofenwarm serviert werden, im besten Fall gekrönt von einer Vanillesoße.

Empfehlenswerte Restaurants

21 Bokeria €€, Mülheimer Straße 6, Tel. 0621 892163, www.bokeria-mannheim.de, Di.–Sa. 17.30–22.30 Uhr. Restaurant mit großer Außenterrasse im Stadtteil Rheinau, in dem vor allem Fleischfreunde auf ihre Kosten kommen.

22 [D8] **Die Metzgerei** €€, Rheinparkstraße 4, Tel. 0621 83252615, www.diemetzgerei-mannheim.de, tgl. 9–22 Uhr. Restaurant, Bistro und Weinbar in einer ehemaligen Metzgerei, täglich wechselnder Mittagstisch. Für Vegetarier gibt es Pfannkuchen mit Gemüsefüllung. Wer will, kann sich in der Metzgerei auch einen Picknickkorb kaufen und ihn auf den Rheinwiesen genießen.

23 [F7] **Dobler's** €€€, Seckenheimerstr. 20, Tel. 06121 14397, www.doblers.de, Di.–Sa. 12–14 und 18.30–23 Uhr. Französisch inspirierte Frischeküche unweit des Friedrichsplatzes. Auf der

Karte finden sich Terrine von der Entenleber neben bretonischem Steinbutt oder Seeteufel, Rehkeule aus dem Odenwald und gefüllter „Pfälzer Grumbeere" mit frischen Morcheln und Périgord-Trüffeln.

🎐**24 Heimat** €€, Antwerpener Str. 42, Tel. 0621 893960, www.heimat-mannheim. de, Mo., Mi.–Sa. 17–22, So. 11–14.30 und 17–22 Uhr. Holzgetäfeltes Restaurant auf einem stillgelegten Schiff südlich des Rheinauer Hafens. Im Angebot sind unter anderem Burger, Garnelen, Pulposalat und Schnitzel. Um die Atmosphäre auf einem alten Flussschiff kennenzulernen, kann man aber auch einfach einen Cocktail genießen.

🎐**25** [K7] **HUF-House** €€, Gartenschauweg 8, Tel. 0621 97609851, www. huf-house.de, Di.–Sa. 11.30–14 und 18–22, So. 11.30–14 Uhr. In der Oststadt ist der Meeresfrüchtesalat mit weißen Bohnen und Staudensellerie ein Bestseller. Aber auch die Kalbsnierchen in Senfsoße schmecken in schönem Ambiente innen oder auf der Terrasse.

🎐**26** [G8] **Le's Sushi Bar** €€, Seckenheimer Straße 104, Tel. 0621 98169110, www. le-sushibar.de, Di.–Sa. 17–22 und Mi. 12–15 Uhr. Eine der ersten Sushi-Adressen Mannheims. Täglich werden frische Fische filetiert und verarbeitet. Mittags ist ein preiswertes Menü im Angebot.

🎐**27** [B6] **Marly** €€€, Rheinvorlandstr.7, Tel. 0621 86242121, www.restaurant-marley.com, Di.–Fr. 12–15 und Di.–Sa. 19–24 Uhr. Gourmetrestaurant im Hotel Speicher 7 direkt am Rhein. Französisch inspirierte Küche in gemütlich-modernem Ambiente. Gewöhnlich werden in dem Sternelokal nur Menüs serviert, die alle vier bis sechs Wochen wechseln. Zu den Spezialitäten gehört der lauwarme Oktopussalat mit Staudensellerie und Datteltomaten.

🎐**28** [B3] **St. James** €€, Hafenstraße 25–27, Tel. 0621 63745025, https:// stjames-mannheim.de, Mo.–Fr. 11–21,

Sa., So. 16–21 Uhr. Schön an einem Verbindungskanal gelegene Restaurant-Bar, die vor allem im Sommer sehr beliebt ist. Im Angebot ist vor allem Street Food wie Burger oder Falafel.

🎐**29** [C4] **Yenat** €, G5 17, Tel. 0621 106027, www.yenat-restaurant.com, So.–Mo. und Mi.–Do. 18–21.30, Fr.–Sa. 18–22.30 Uhr. Ostafrikanische, großteils vegane Küche in der Quadratestadt mit selbst gemachten Limonaden. Injera heißt das Fladenbrot, in das man die oft scharf gewürzten Dips aus Spinat, Linsen oder Hühnerfleisch einwickelt. Zur Vorspeise gibt es Suppen oder mit Kartoffeln, Bohnen oder Karotten gefüllte Blätterteigtaschen.

🎐**30** [D6] **Yi Xiang Yuan** €, M4 5, Tel. 0621 18149450, Mo.–Sa. 11.30–22, So. 17–21 Uhr. Kleines, etwas versteckt gelegenes asiatisches Nudelrestaurant in der Quadratestadt, das auch leckere Suppen und Reisgerichte mit Meeresfrüchten auftischt. Gäste loben die großen Portionen und den freundlichen Service.

Für den kleinen Hunger und Geldbeutel

🎐**31** [D5] **Big Pom**, F1 4, Tel. 0621 1569658, www.big-pom.de, Mo.–Sa. 11–21, So. 13–19 Uhr. Pommesbude unweit des Marktplatzes, die neben aller Art von Pommes und Soßen auch Currywurst und frittierte Hähnchenteile verkauft.

🎐**32** [C3] **Bodhi** 🍀, Jungbuschstr. 12, Tel. 0178 5465456, https://facebook. com/BodhiMannheim, Mo.–Sa. 11.30–21 Uhr. Falafel in allen nur denkbaren Variationen, dazu Couscous und verschiedene Salate. Natürlich gehört zur vegetarisch/veganen arabischen Küche auch ein Minztee.

🎐**33** [C3] **Henriette Burger Bar** 🍀, Beilstraße 5, Tel. 0621 326997872, www.henriette-burger-bar.de, Mi.–

Do. 18–22, Fr. und Sa. 17.30–1, So.
17.30–21 Uhr. Geschmacksverstärker
und Konservierungsstoffe sind in der
Burger Bar im Szeneviertel Jungbusch
tabu und das Fleisch stammt von artge-
recht gehaltenen Tieren. Mit Salat, Tomaten, Gurken, Zwiebeln, Haussoße und
Ketchup ist der billigste Burger belegt.
Mit hausgemachten Fritten und Curry-
soße schmeckt auch die Currywurst.

34 [D4] **Uzun Taşfirin**, G5 12, Tel. 0621
12268610, www.tasfirin.com. tgl.
12–22 Uhr. Imbissbäckerei mit Stein-
ofen. Spezialität ist Lahmacun, ein Fladenbrot aus Hefeteig. Vor dem Backen
wird es dünn mit einer Mischung aus
Hackfleisch, Zwiebeln und Tomaten
bestrichen und gern heiß direkt aus dem
Backofen gegessen.

Biergärten

35 [H3] **Eichbaum Brauhaus**, Käfertaler Str. 168, Tel. 0621 35385, www.
eichbaumbrauhaus.de, tgl. 11–24 Uhr.
Mit 240 Plätzen gehört der Biergarten
im Stammhaus der Eichbaum-Brauerei
zu den größten der Stadt. Serviert wird
neben hauseigenen Bieren ein preiswerter, täglich wechselnder Mittagstisch
(11–14 Uhr). Für den kleineren Hunger
gibt es Suppen, diverse Salate und auch
einige Angebote für Vegetarier.

36 Estragon, Mühlweg 11, Tel. 0621
852761, www.estragon-mannheim.de,
tgl. 11–23 Uhr. Schön am Rheinufer in
Neckarau gelegenes Lokal mit Biergarten, der in der Winterpause am Wochenende zum Glühwein lädt. Abwechslungs-
reiche Speisekarte mit preiswertem
Mittagstisch.

37 [C7] **Rheinterrassen**, Rheinpromenade 15, Tel. 0621 824161, www.rhein

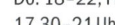

*An Sommerabenden diniert man in
Mannheim meist „open air"*

terrassen.info, tgl. 11.30–24 Uhr. Im
historischen Schlossgarten gelegenes
Restaurant mit wunderschönem Biergarten unter großen Platanen. Auf den Tisch
kommt Deftiges aus der Pfalz und dem
Elsass – zum Beispiel Gans mit Apfel-
rotkraut, verschiedenste Käsesorten,
Flammkuchen und edle Burger, die auch
vegan zu haben sind.

38 [F2] **Uhland**, Lange Rötterstr. 10, Tel.
0621 34257, https://wirtshaus-uhland.
business.site, Di.–Sa. 17–22.30 Uhr.
Uriges Wirtshaus in Neckarstadt mit Biergarten im Innenhof. Zu den sommerli-
chen Spezialitäten zählt der Uhlandsalat
mit fein marinierten Roastbeefstreifen
und Vinaigrette.

Cafés und Eissalons

> **Café Brue**, Hotel Radisson Blu
(s. S. 108), Tel. 0621 336500, www.
cafebrue.de, Mo.–Sa. 10–18.30 Uhr.
Der ideale Pausenort für alle Shoppingfreunde im Herzen der Quadratestadt.
Im Erdgeschoss des Hotels Radisson Blu
kann man sich seinen Kaffee gleich auf
mehrere Arten zubereiten lassen. Den
kleinen Hunger stillen selbstgemachte
Kuchen oder Torten, Baguettes und
Bagels.

🜂**39** [D6] **Chocolat Noir,** L8 4, Tel. 0621 39749944, www.chocolatnoir.de, Di.–Sa. 11–18 Uhr. Café unweit des Schlosses, dessen Einrichtung Besucher in die 1920er-Jahre versetzen soll. Zu Kaffee, Tee oder einem „Choc-tail"(heiße Milch, Zitrusfrucht und weiße Schokolade) munden Kuchen oder Torte aus der Confiserie Freundt.

🜂**40** [D8] **Eismanufaktur ZeitgEISt,** Meerfeldstr. 45, Tel. 0621 44590157, www.eis.jetzt.de, Di.–So. 12–19 Uhr. Kleine Manufaktur zwischen Rhein und Hauptbahnhof. Die handgemachten Sorten wechseln bis auf Schokolade und Vanille täglich. Künstliche Farb- und Zusatzstoffe, ja sogar Eier, sind bei der Herstellung ebenso tabu wie Geschmacksverstärker oder künstliche Aromen.

🜂**41** [D5] **Fontanella,** O4 5, Tel. 0621 18191616, www.fontanella.de, Mo.–Sa. 10–20, So. 13–20 Uhr. Traditionelles Eiscafé auf den Planken, das sich rühmt, das Spaghetti-Eis erfunden zu haben. Es gehört noch immer zu den Bestsellern!

🜂**42** [D6] **Helder & Leeuwen Café,** N3 15, Tel. 0621 43703390, www.helder-leeuwen.de, Mo.–Sa. 10.30–18.30 Uhr. Café mit eigener Rösterei in der Quadratestadt, das den Kaffee auch gern mit der Hand gebrüht serviert.

🜂**43** [G2] **Rötterdam,** Lange Rötterstr. 66, www.roetterdam.de, Di.–Fr. 9–14, Sa.–So. 9–17 Uhr. Frühstücksort inmitten der Neckarstadt. Frühstück (auch vegane Optionen) wird bis 13 Uhr serviert. Mittags gibt es Suppen, Salate und Eintöpfe. Danach munden die selbstgebackenen Kuchen.

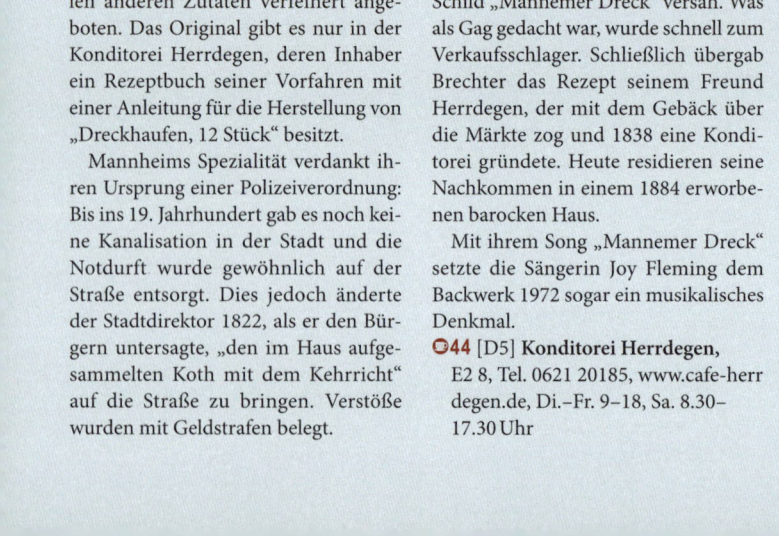

„Mannemer Dreck": ein süßer Witz

Zu den beliebtesten Mitbringseln aus der Quadratestadt gehört der „Mannemer Dreck", ein einfaches Backwerk aus Mehl, Zucker und Gewürzen. Inzwischen wird es auch in verschiedenen Varianten mit Schokolade und vielen anderen Zutaten verfeinert angeboten. Das Original gibt es nur in der Konditorei Herrdegen, deren Inhaber ein Rezeptbuch seiner Vorfahren mit einer Anleitung für die Herstellung von „Dreckhaufen, 12 Stück" besitzt.

Mannheims Spezialität verdankt ihren Ursprung einer Polizeiverordnung: Bis ins 19. Jahrhundert gab es noch keine Kanalisation in der Stadt und die Notdurft wurde gewöhnlich auf der Straße entsorgt. Dies jedoch änderte der Stadtdirektor 1822, als er den Bürgern untersagte, „den im Haus aufgesammelten Koth mit dem Kehrricht" auf die Straße zu bringen. Verstöße wurden mit Geldstrafen belegt.

Über das neue städtische Bußgeld machte sich schließlich der Lebkuchenbäcker Friedrich Brechter lustig, als er eindeutig geformtes und mit dunkler Schokolade überzogenes Backwerk ins Ladenfenster legte und mit einem Schild „Mannemer Dreck" versah. Was als Gag gedacht war, wurde schnell zum Verkaufsschlager. Schließlich übergab Brechter das Rezept seinem Freund Herrdegen, der mit dem Gebäck über die Märkte zog und 1838 eine Konditorei gründete. Heute residieren seine Nachkommen in einem 1884 erworbenen barocken Haus.

Mit ihrem Song „Mannemer Dreck" setzte die Sängerin Joy Fleming dem Backwerk 1972 sogar ein musikalisches Denkmal.

🜂**44** [D5] **Konditorei Herrdegen,** E2 8, Tel. 0621 20185, www.cafe-herrdegen.de, Di.–Fr. 9–18, Sa. 8.30–17.30 Uhr

(MEINE TIPPS)

Der erste Kaffee

◯**45** [D4] **Moha Kaffeerösterei,** F2 8, Tel. 0621 30741358, www.mohacaffee. de, Mo.–Sa. 8–18 Uhr. Röstfrische Kaffeebohnen sind das Markenzeichen des Ladengeschäfts, wo an kleinen Tischen serviert wird. Am besten wagt man den Start in den neuen Tag mit ein paar kleinen, süßen Leckereien.

Essen mit Aussicht

❭ **Skyline** €€–€€€. Das Panoramarestaurant auf dem Fernmeldeturm (s. S. 50) am Rand des Luisenparks bietet Kaffee und Kuchen, aber auch komplette Menüs. Die Hauptgerichte wechseln meist monatlich und bieten saisonale Küche, im Herbst und Winter etwa Wildgulasch oder knusprige Gänsebrust. Dazu kommt der einmalige Blick ringsum, dreht sich das Restaurant doch einmal in der Stunde um die eigene Achse. Ein einmaliges Erlebnis, auch wenn zu Essens- und Getränkekosten noch 10 € Liftpreis kommen.

Dinner for one

◍**46** [C4] **Glück und Verstand** €€, G7 17, Tel. 0621 44588753, www.glueck undverstand.de, Mo.–Do. 17–23, Fr.–Sa. 17–24 Uhr. Nettes Restaurant mit gemütlichem Innenhof in der Quadratestadt, das mit veganen und vegetarischen Speisen punktet, zu denen man sich aber auch Fleisch oder Fisch bestellen kann. Das Brot ist selbstgebacken, die Zutaten stammen gewöhnlich von regionalen Erzeugern. Sehr gemütliche, fast familiäre Atmosphäre.

Für den späten Hunger

◍**47** [E6] **Frenks Ristorante** €–€€ 🍀, Q7 18, Tel. 0621 104222, www.frenks.de, tgl. 11–2 Uhr. Nicht nur Nachteulen kennen die Adresse unweit des Wasserturms, die auch nach Mitternacht noch Pizza und Pasta, aber auch Salate, Fisch und Fleisch serviert. Besonders beliebt ist die „Piatto Frenks", drei Nudelsorten mit passenden Soßen.

Lecker vegetarisch und vegan

❷**48** [E6] **Heller's Vegetarisches Restaurant & Café** €–€€ 🍀, N7 13–15, Tel. 0621 120720, www.hellers-restaurant.de, Mo.–Sa. 11.30–17 Uhr. Zwischen Bahnhof und Wasserturm gibt es in diesem Selbstbedienungsrestaurant täglich ein veganes und meist auch laktose- und/ oder glutenfreies Tagesgericht. Im Café-Shop sind selbstgemachte Kuchen und Torten im Angebot, die, wie alle Produkte, aus biologischem Anbau stammen.

❷**49** [B3] **Kombüse** 🍀, Jungbuschstr. 23, Tel. 0621 43737061, www.kombue se-ma.de, Di.–Do. 11–23, Fr. 11–1, Sa. 17–1 Uhr. Vegane und vegetarische Küche im Szeneviertel Jungbusch mit täglich wechselndem Mittagstisch. Klassiker sind die Falafel-Teller oder die hausgemachten Burger aus schwarzen Bohnen, Gewürzen und Paprika. Sehen lassen können sich auch die Bowls und Wraps.

Raucher willkommen

❼**50** [D5] **Boland's,** O4 1, www.bolands. de, Mo.–Fr. 7–24, Sa. 8–1, So. 10–24 Uhr. Bar und Café unweit des Paradeplatzes mit großer Raucherlounge im Obergeschoss. Große Auswahl an Bieren, zu denen auch belgische Trappistenbiere gehören.

❼**51** [B3] **Nelson,** Jungbuschstr. 30, Tel. 0621 12281439, www.cafe-nelson. de, Di.–Do. 19–3, Fr. und Sa. 19–5, So 20–3 Uhr. Bar mit viel studentischem Publikum und eigenem Raucherzimmer. Fast jeder Tag ist als Special einem anderen alkoholischen Partygetränk gewidmet.

Mannheims PALAZZO

Artistik, Komik und Kulinarik verbinden seit mehr als zwei Jahrzehnten der populäre **Sternekoch Harald Wohlfahrt** und **Radio Regenbogen** im PALAZZO, einer transportablen Veranstaltungshalle am Europaplatz. Sie ist im Winter Hort Deutschlands langlebigster Dinnershow.

In den Pausen eines Viergangmenüs gibt es ein **Revueprogramm** mit Akrobaten, Komikern, Tänzern, Jongleuren und viel Musik. Zentrum des Zeltpalastes ist eine Hebebühne, die von allen Seiten gute Sicht bietet. Darum gruppieren sich von der Manege bis zur Empore die Tische.

Die auftretenden **Artisten und Künstler** haben Weltniveau. Viele von ihnen sind auch beim Cirque de Soleil oder bei Monte Carlos Zirkusfestival gern gesehene Akteure. Für die bunten Tupfer der Show sorgen die Tänzerinnen des Palazzo-Revue-Ensembles.

●52 [J8] **Radio Regenbogen Harald Wohlfahrt PALAZZO**, Europaplatz 3, Wilhelm-Varnholt-Allee, Tel. 01805 609030, www.palazzo-mannheim. de, Oktober–März

Mannheim am Abend

Mannheim eignet sich gut zum Ausgehen, dafür sorgen zum Beispiel kulturelle Einrichtungen für jeden Geschmack und Geldbeutel. Große und kleine Bühnen vom renommierten Nationaltheater mit großem Schauspiel, Tanz und Oper bis zu Privattheatern und Kleinkunstbühnen mit schrägen Überraschungsprogrammen, sind Garanten dafür, dass in Mannheim niemals Langeweile aufkommt. Diskotheken für jeden Musikgeschmack, Bars, Clubs und Kneipen aller Art, die zum Teil mit Livemusik locken, ergänzen das Angebot. Mit dem PALAZZO hat die Stadt sogar ein Revuetheater zu bieten, das Besucher von weit her lockt.

Partymeile ist der Stadtteil Jungbusch ㉓ *im Norden Mannheims, der im Sommer und vor allem am Wochenende voller Lebensfreude steckt. Sperrzeiten stören Nachteulen in Mannheim kaum. Werktags gelten die nur zwischen 3 und 6 Uhr morgens, in den Nächten auf Samstag und Sonntag oder vor Feiertagen gar nur von 5 bis 6 Uhr*

036mh-Palazzo©Christoph Bluethner

Clubs und Discos

53 [E4] **Disco 2**, T6 14, Tel. 01590
6756662, www.discozwei.de, Fr., Sa.
Beliebter Tanz- und Nachtclub, der mit fet-
ten Bässen die Nachtschwärmer betört.

54 [F6] **Ella & Louis**, Rosengartenplatz 2,
Tel. 0621 1568317, www.ellalouis.de.
Jazzclub im Rosengarten. Konzerte meist
montags, mittwochs und freitags, häufig
auch Gastspiele internationaler Künstler.

55 [C3] **Sideclub**, H7 15, www.facebook.
com/SideclubMannheim, Fr., Sa. Kleiner
Partykeller am Innenstadtrand mit Musik
von Gothic bis Hip-Hop.

56 [C2] **Hafen 49**, Hafenstr. 49, www.
hafen49.de. Ort für Techno und House
im Hafenareal des Stadtteils Jungbusch.
Vor allem im Sommer beliebte Partymeile mit vielen Liveacts zwischen alten
Containern.

57 [C3] **Soho**, J7 16, Tel. 0621 13382,
www.soho-club.de. Diskothek in klei-
nem Gewölbekeller am Luisenring. Buntes Musikangebot von Elektro über Funk,
Rock und mehr. Das Publikum ist meist
in den Zwanzigern. Kein Dresscode.

58 [E6] **Tiffany**, O7 25, Tel. 01512
1150942, www.tiffany-mannheim.de.
Club-Klassiker für alle Nachtschwär-
mer, die gepflegtes Ambiente schätzen.
Oldies und aktuelle Hits bestimmen das
Musikprogramm.

Bars

59 [C3] **Blau**, Jungbuschstr. 14, Tel.
0621 153271, www.blau-jungbusch.de,
Di.-Do. 20-24, Fr., Sa. 20-3 Uhr. Sze-
nekneipe mit Livemusik am Wochenende
und gelegentlichen Dichterlesungen.

*◁ Palazzo Mannheim: Dinnershow
mit Artistik und Viergangmenü*

60 [B3] **Hagestolz**, Jungbuschstr. 26,
www.hagestolzbar.de, Di.-Do. 18-3,
Fr.-Sa. 19-5, So. 20-3 Uhr. Szenetreff
mit nostalgischem Interieur und großer
Auswahl an Cocktails. Besucher schätzen den hohen Flirtfaktor in der Bar.

61 [C3] **Kiets König**, Jungbuschstr. 18,
Tel. 0621 1567513, www.kietskoe
nig.de, Fr.-Sa. 20-4 Uhr. Bar im Szeneviertel Jungbusch mit eigenem Rau-
cherraum. Coole Musik und große
Cocktail-Auswahl.

62 [C4] **Odeon Bar**, G7 10, www.face
book.com/OdeonBarMannheim, Di.-
Do. 18-24, Fr.-Sa. 18-2 Uhr. Bar am
Odeon-Filmtheater, einem klassischen
Programmkino ohne Blockbuster. Der
ideale Ort, um jeden Film noch einmal
sacken zu lassen.

63 [C3] **Onkel Otto Bar**, Jungbuschstraße
8, Tel. 0621 48927232, www.onkelotto
bar.de, Fr., Sa. 21-3 Uhr. Mannheimer
Kultbar, die auch schon Tatort-Regisseu-
ren als Kulisse diente. Besucher sind hier
nicht nur zum Trinken, sondern auch zum
Tanzen eingeladen.

64 [D3] **Sieferle & Co**, Neckarvorland-
str. 17 a, Tel. 0621 44589434, www.
sieferleundco.de, Mo.-Sa. 18-2 Uhr.
Bunte Hocker und Stühle prägen die
Szenebar im Jungbusch-Hafenareal.
Große Auswahl an Cocktails, die gern
auch nach individuellen Wünschen kre-
iert werden.

65 [E7] **Syte Bar**, Tattersallstr. 2, Tel.
0621 4907670, www.sytehotel.de,
Mo.-Fr. 8-21 Uhr. Populäre Hotelbar
am Hauptbahnhof, in der man sich gern
zum Aufbruch ins Mannheimer Nachtle-
ben trifft.

66 [C3] **Taproom**, Beilstr. 4, Tel. 0621
31958881, www.taproomjungbusch.
de, Di.-Do. und So. 17-24, Fr.-Sa.
17-2 Uhr. Bierbar mit einem Dutzend
Craftbieren vom Fass und vielen weiteren in der Flasche. Im Sommer große
Terrasse.

Theater und Kleinkunstbühnen

⊙**67 Die Freilichtbühne Mannheim,** Kirchwaldstraße 10, Tel. 0621 762810, www.flbmannheim.de. Über 100 Jahre altes Amateurtheater, das im Sommer im Stadtteil Gartenstadt spielt.

⊙**68** [C5] **Klapsmühl' am Rathaus,** D6 3, Tel. 0621 22488, www.klapsmuehl.eu. Populäre Kleinkunstbühne mit Gastspielen bekannter Kabarettisten und Comedians sowie Programmen des eigenen Ensembles „Die Dusche". Gespielt wird an ca. 240 Tagen im Jahr.

⊙**69** [E4] **Mannheimer Puppenspiele,** U2 4–5, Tel. 0621 1568510, www.mannheimer-puppenspiele.de. Figurentheater für Kinder und Erwachsene, seit über 50 Jahren Garant für erfolgreiche Inszenierungen.

16 [F5] **Nationaltheater.** Gewichtigste Theaterinstitution im Rhein-Neckar-Raum, die allerdings vor gründlichen Umbauarbeiten steht und daher längerfristig in andere Spielstätten ausweichen muss (s. S. 41).

⊙**70** [D5] **Oststadt-Theater,** N1 1, Tel. 0621 16060, www.oststadt-theater.de. Kleine Bühne am Paradeplatz, die seit mehr als drei Jahrzehnten ihr Publikum mit Komödien (teils in Mundart) bei Laune hält. Ihren Namen verdankt sie ihrer ersten Spielstätte in der Kunsthalle.

⊙**71** [F2] **Theater Felina-Areal,** Holzbauerstr. 6–8, Tel. 0621 3364886, www.theater-felina.de. Theater in der Neckarstadt-Ost mit freier Platzwahl. Schwerpunkte sind Tanz, Theater, Lesungen und Kindertheater.

⊙**72** [C4] **Theaterhaus G7,** G7 4b, Tel. 0621 154976, http://tig7.de. Das Privattheater mit 80 Plätzen und professionellem Anspruch versteht sich als ein „Theater für Unbedachtes, Ungedachtes und Undenkbares" – das jedenfalls verspricht seine Website.

⊙**73** [E2] **Theater Oliv,** Am Meßplatz 7, Tel. 0621 8191477, www.theateroliv.de. Privatbühne in Neckarstadt gegenüber der Alten Feuerwache. „Wir sammeln den Stoff aus dem Alltag. Oder aus Archiven ... Wir lassen die Inhalte die jeweilige Form bestimmen", lautet das Credo der Programmgestalter, die sich zeitgenössischer Performance verschrieben haben.

⊙**74** [B3] **Zeitraumexit,** Hafenstr. 68, Tel. 0621 33939755, www.zeitraumexit.de. Experimentelles Theater im Szeneviertel Jungbusch, das mit Ausstellungen, Performances und Kino punktet.

Mannheim zum Stöbern und Shoppen

Mannheim ist ein Shoppingparadies. Jedes Wochenende lockt es Zehntausende zum Einkaufen, auch aus dem Umland, vor allem aus der Pfalz, dem südlichen Rheinhessen und dem Odenwald. Rund 2,5 Milliarden Euro geben die Menschen schätzungsweise jährlich in den rund 2000 Mannheimer Geschäften und Läden aus – auf über 600.000 Quadratmeter Verkaufsfläche.

Sein Ansehen als Einkaufsstadt verdankt Mannheim vor allem den **Planken 7** samt ihrer Nebenstraßen, einem der umsatzstärksten Viertel im deutschen Südwesten. Neben den Planken gibt es mit der **Kunststraße** [D5/E6] und der **Fressgasse** [D/E5] im Zentrum der Quadratestadt noch zwei weitere Shoppingadressen. Zusammen bilden sie das Herz der Einkaufsstadt und eine kilometerlange Schaufensterfront, zu der auch die Passagen gehören, welche die Straßen miteinander verbinden. Platzhirsch ist die Firma **Engel-**

horn mit knapp 40.000 Quadratmetern Verkaufsfläche und rund 1500 Beschäftigten: ein familiengeführtes Unternehmen, das seit 1890 das Einkaufsviertel prägt und für die Kunden sogar Stilberater hat. Flaggschiff ihres Imperiums ist neben ihrem Modehaus mit acht Etagen ein Sporthaus mit sieben Stockwerken.

Inzwischen sind so gut wie alle großen **Markenartikler** in den Kaufhäusern der Quadratestadt vertreten oder haben wie Gant, Marco Polo, Massimo Dutti oder Desigual sogar ihre eigenen Läden. Ausgesprochene Souvenirjäger sollten in den Museumsshops Ausschau halten, die meist gut sortiert sind. Die Mannheimer Spezialität „Mannemer Dreck" (s. S. 72) gibt es **in der Konditorei Herrdegen** (s. S. 72) und die schönsten Stücke kleiner Mannheimer Labels werden in der **Textilerei** (s. S. 78) angeboten.

Einkaufszentren

75 [D6] **Engelhorn sports,** N5 6–7, Tel. 0621 1670100, www.engelhorn.de, Mo.–Do. 10–19, Fr., Sa. 10–20 Uhr. Größtes Sportartikelhaus im deutschen Südwesten mit Kletterwand. Zum Engelhorn-Konzern gehört auch das große Modehaus für Männer und Frauen im benachbarten Quadrat O5 1.

76 [E5] **Q6 Q7 Mannheim – Das Quartier,** Q7 23, Tel. 0621 86074241, www.q6q7.de, Kernöffnungszeiten: Mo.–Do. 10–19, Fr.–Sa. 10–20 Uhr. Überdachtes Einkaufszentrum in der Stadtmitte mit zahllosen Modeläden, Reisebüro, Küchenausstatter, Restaurants, Fitnessclub und einem Bayern-München-Fanshop. Große Tiefgarage.

77 [A6] **Rhein-Galerie Ludwigshafen,** Im Zollhof 4, 67061 Ludwigshafen, Tel. 0621 59183410, www.rheingalerie-

ludwigshafen.de, Mo.–Sa. 10–20 Uhr. Von Mannheim aus nicht zu übersehen ist das große Einkaufszentrum am anderen Rheinufer. Rund 100 Geschäfte, darunter großen Modemarken wie C&A, H&M oder ZARA sind hier zu finden. Dazu kommen Restaurants, Dienstleister und ein Parkhaus für 1400 Pkw.

Buchhandlungen

78 [D5] **Bücher Bender,** O4 2, Tel. 0621 129710, www.buecher-bender.buch handlung.de, Mo.–Fr. 9.30–19, Sa. 9.30–18 Uhr. Gut sortierte und servicestarke Buchhandlung, die auch viel Wert auf lokale und regionale Neuerscheinungen legt.

79 [E4] **Frauenbuchladen Xanthippe,** T3 4, Tel. 0621 21663, www.frauenbuchladen-xanthippe.de, Mo.–Fr. 11–18, Sa. 11–16 Uhr. Ganz auf weibliche Leser hat sich der kleine Buchladen spezialisiert, der zudem Lesungen anbietet und seine Kundschaft auch gern mal zum Tee lädt.

80 [D4] **Quadrate-Buchhandlung,** R1 7, Tel. 0621 21959, www.quadrate-buchhandlung.de, Mo.–Fr. 9–18, Sa. 9–13 Uhr. Über 50 Jahre alte Buchhandlung, die im ersten Stock ein Antiquariat betreibt.

81 [E5] **Thalia Mannheim Planken,** P7 22, Tel. 0621 3098800, www.thalia.de, Mo.–Sa. 10–20 Uhr. Großbuchhandlung über drei Etagen, die auch Spielwaren im Angebot hat. Ein kleines Café mit Snacks und eine Kinderspielecke gehören zum Service.

Mode, Schmuck, Blumen und Accessoires

🛍️82 [E6] **Naturbekleidung HautNah** 🌿, M7 13, Tel. 0621 155392, www.natur bekleidung-hautnah.de, Mo.–Mi. 9.30–18.30, Do.–Fr. 9.30–19, Sa. 10–18 Uhr. Kleiner Laden unweit des Hauptbahnhofs mit fairer, ökologisch erzeugter Mode.

🛍️83 [F6] **Not the Same,** Friedrichsplatz 15, Tel. 0621 153215, www.notthesame-ma.com, Di.–Fr. 10–19, Sa. 10–18 Uhr. Kleiner Concept Store für Freunde luxuriösen Designs und stilvoller Mode. Im Angebot sind auch Naturkosmetik und eine große Auswahl an Blumen.

🛍️84 [D5] **Oxfam Shop Mannheim** 🌿, N2 9, Tel. 0621 33686220, www.oxfam.de, Mo.–Fr. 10–19, Sa. 10–15 Uhr. Mannheimer Zweigstelle des internationalen Secondhand-Ladens, dessen Erlöse Notleidenden zugutekommen.

🛍️85 [E6] **Papyrien,** N6 3, Tel. 0621 1065555, www.papyrien-mannheim.de, Mo.–Sa. 10–18.30 Uhr. Papeterie mit kleinen Accessoires, die das Leben schöner machen können. Für alle, die auf die Verpackung ihrer Geschenke genauso-viel Wert legen wie auf den Inhalt.

🛍️86 [D6] **Regine Maier O.P.Q,** M4 12, Tel. 0621 4183280, www.regine-maier.de, Di.–Fr. 11–18, Sa. 11–16 Uhr. Gelernt hat die Modedesignerin bei Firmen wie Betty Barclay, Jil Sander und Otto Kern. Heute hat die gebürtige Mannheimerin ihre eigene Kollektion und eine Maßschneiderei.

🛍️87 [C5] **Textilerei Modezentrum Mannheim,** C4 6, Tel. 0621 86242855, Do.–Fr. 10–15 Uhr. Wer handgefertigte Produkte, Unikate und individuelles Design auf höchstem Niveau liebt, ist hier richtig. Designerkissen oder Taschen gibt es in dem alten Haus ebenso wie modische Damen- und Herrenkleidung. Maßschneidern wird hier großgeschrieben.

Outlet Stores

🛍️88 [F2] **Felina Outlet,** Lange Röt-terstr.11–17, Tel. 0621 385280, www.felina.de, Mo.–Do. 9–17, Fr. 9–16.30 Uhr. Outlet des Mannheimer Unternehmens Felina in Neckarstadt, das auf Dessous, Miederwaren und Bademoden spezialisiert ist.

🛍️89 [E6] **Zalando Outlet Store,** Kunststr. 26/07 26, Tel. 0800 3300996, www.zalando-outlet.de/mannheim, Mo.–Sa. 10–20 Uhr. Zalandos Outlet lockt vor allem am Wochenende Schnäppchenjäger mit günstiger Herren-, Damen- und Kinderkleidung samt passenden Schuhen. Vieles ist B-Ware oder entstammt der Vorsaison.

Secondhand und Antiquariate

🛍️90 [D4] **Come Back,** S1 17, Tel. 0621 27328, www.come-back-online.de, Mo.–Fr. 12–18, Sa. 11–18 Uhr. Plattenladen auf zwei Etagen. Musik, Filme und Spiele auf CD, DVD und LP, darunter auch Secondhand-Ware.

🛍️91 [E5] **Die Wortfreunde – Antiquariat Wirthwein,** S6 36, Tel. 0621 2999657, www.diewortfreunde.de, Mo.–Fr. 10–18 Uhr. Mehr als zehntausend gebrauchte Bücher, vom Krimi bis zum Fachbuch, sind im Angebot. Interessante und gesuchte Werke kauft man auch an.

🛍️92 [C5] **Lothar Mandler,** C3 15, Tel. 0621 101933, Mo.–Fr. 11–18.30, Sa. 11–16 Uhr. Der Sammler aus Leidenschaft handelt mit altem Spielzeug, vor allem elektrischen Eisenbahnen und Blechautos. Vier Räume und ein externes Lager sind damit gefüllt. Wer will, kann seine alten Schätzchen auch zur Reparatur in die Quadratestadt bringen.

▷ *Dreimal wöchentlich laden Erzeuger auf den Mannheimer Marktplatz*

Kulinarisches

93 [E6] **Chocolaterie Stoffel,** O7 25, Tel. 0621 21202, www.stoffelschokolade. de, Mo.–Sa. 10–18 Uhr. Im Angebot sind selbstgefertigte Schokoladenartikel wie Pralinen oder Osterhasen und Weihnachtsmänner, aber auch mit Schokolade umhüllte Nüsse und mehr.

94 [F6] **La Flamm,** Elisabethstr. 1, Tel. 0621 4187300, www.laflamm-mannheim.de, Mo.–Fr. 10–18.30, Sa. 8.30–17 Uhr. Französischer Käse- und Lebensmittelladen in unmittelbarer Nähe zum Wasserturm. Im Angebot sind neben rund 80 französischen Käsesorten auch 150 passende Weine. Auf der kleinen Terrasse vor dem Laden kann man beides auch gleich an Tischen genießen.

❭ **Schnaps & Liebe,** im Q6 Q7 Mannheim (s. S. 77), Tel. 0621 18149551, https://schnapsundliebe.net, Mo.–Sa. 10–19 Uhr. Weine aus der Region, Feinkostartikel und Spirituosen wie Gin oder Whisky finden sich im Erdgeschoss des Q6 Q 7. Dazu kommen Spezialitäten von regionalen Produzenten wie Wurst oder Schokolade.

95 [F5] **Weinladen Oststadt,** Lameystr. 22, Tel. 0621 43075161, www.weinladenmannheim.de, Di.–Fr. 15–19, Sa. 10–14 Uhr. Gemütlicher Weinladen mit großer Auswahl an deutschen, französischen, italienischen, spanischen und portugiesischen Weinen samt professioneller Beratung. Außerdem gibt es Grappa oder Rum aus der Karibik.

Märkte

Wer will, kann in Mannheim und seinen Vororten außer sonntags und montags jeden Tag auf einem Markt frisch einkaufen. Am populärsten ist der große Wochenmarkt auf dem **Marktplatz** ❽, der gleich dreimal wöchentlich stattfindet: dienstags und donnerstags von 7 bis 14 Uhr, eine Stunde länger sind die Stände samstags geöffnet. Die übrigen **Wochenmärkte** sind gewöhnlich zwischen 7 und 13.30 Uhr offen: dienstags in Sandhofen (Festplatz am Stich), mittwochs in Lindenhof (Meeräckerplatz), Schönau (Lena-Maurer-Platz) und dem Boulderhaus im Stadtteil Franklin und donnerstags auf dem Rathausplatz in Wallstadt. Freitags hat man die Qual der Wahl, dann locken Märkte in Neckarau (Marktplatz), Gartenstadt (Freyaplatz), Rheinau (Marktplatz) und Seckenheim (Altes Rathaus). Samstags finden neben dem großen Markt in der Mannheimer Innenstadt kleinere Märkte in Niederfeld (Rheingold-Center) und in Lindenhof und Schönau statt. Außerdem gibt es mehrmals im Jahr den **Krempelmarkt** auf dem Neuen Messeplatz (Flohmarkt, Termine: www.mannheimer-krempelmarkt.de).

Mannheim zum Durchatmen

Mannheim legt viel Wert auf seine grünen Areale, die einen größeren Anteil an der Stadtfläche ausmachen als im benachbarten Heidelberg oder auch in Karlsruhe. Sie tragen zur Lebensqualität ebenso bei wie zu einem gesunden Klima. Zum Wohl der Menschen sollen auch die offiziell rund 85.000 Straßenbäume und gut sieben Quadratkilometer Wasserfläche beitragen. Zwar wird die Hälfte des Stadtgebiets inzwischen zum Wohnen und Arbeiten, als Produktionsort oder für Straßen, Schienenanlagen oder auch einen kleinen Flugplatz genutzt, der Rest aber ist unbebaut. Ein Viertel davon sind landwirtschaftliche Flächen, auf denen vor allem Getreide reift – und ein Achtel ist bewaldet.

Die großen Parkanlagen wie der **Luisenpark** 20 oder der **Herzogriedpark** (s. S. 57) in Neckarstadt 26 sind perfekte Freizeitoasen mit großen Flächen für Sonnenanbeter und Picknickfreunde, noch dazu verkehrsmäßig gut erschlossen. Im Sommer trifft man sich zudem auf den **Neckarwiesen** zu Füßen der Kurpfalzbrücke zum Grillen.

Viel Platz für Frischluftfans bietet auch der riesige **Friedhof** (s. S. 57) in Neckarstadt mit seinen alten Brunnen und hohen Bäumen. Die wichtigsten grünen Lungen Mannheims sind aber die **Natur- und Landschaftsschutzgebiete**, insgesamt fast 50 Quadratkilometer. Zu den schönsten gehören die **Auwaldregionen** am Rheinufer. Sehenswert für alle Naturfreunde sind die **Reißinsel** (s. S. 58) und das benachbarte **Naturschutzgebiet Bei der Silberpappel**, beides naturbelassene Urlandschaften.

Größtes Landschaftsschutzgebiet ist der **Käfertaler Wald**, das Wasserreservoir der Stadt. Das größte Waldgebiet Mannheims liegt nahe dem grünsten Stadtteil Gartenstadt und gilt als meistbesuchter Stadtwald Baden-Württembergs. Einst nutzten ihn Mannheims Kurfürsten zur Jagd. Kein Wunder, dass sich Rehe, Hirsche, Wildschweine und Mufflons noch heute dort wohl fühlen, allerdings eingezäunt in großen Gehegen. Eule, Bussard, Uhu und Pfau finden sich im Vogelpark, der bei Kindern hoch im Kurs steht.

An der Grenze zwischen Mannheim-Rheinau und Brühl befindet sich das Naherholungsgebiet **Rheinauer See**, ein weiterer Baggersee, der zum Großteil in Privatbesitz ist. Allerdings hat die Stadt seinen nordöstlichen Teil zum Baden freigegeben, was an heißen Tagen Massenbetrieb heißt. Sogar Wasserski darf hier gefahren werden – zum Unmut der Angler, die am Rheinauer See ihre Ruhe suchen.

038mh-gs

◁ *Sommerfeeling am Neckarstrand*

Zur richtigen Zeit am richtigen Ort

In Mannheim findet sich immer ein Grund zum Feiern. Groß ist deshalb auch das Angebot an Veranstaltungen, die Rock- und Popfreunde ebenso ansprechen wie Jazz- und Klassikfans. Viele Feste haben wie das Stadtfest Volksfestcharakter und finden gleich auf mehreren Bühnen statt. Seinen eigenen Charme hat der Weihnachtsmarkt am Wasserturm ⑫. *Die meisten Besucher lockt der Maimarkt, die angeblich größte regionale Verbrauchermesse Deutschlands. Aktuelle Veranstaltungshinweise finden sich unter www.visit-mannheim.de.*

Frühling

> **Maimesse:** großer Jahrmarkt auf dem Neuen Messplatz in Neckarstadt mit vielen Fahrgeschäften und Feuerwerk (Ende April–Mai, www.schaustellerverband-mannheim.de)

> **Maimarkt:** Deutschlands größte regionale Verbrauchermesse lockt viele Hunderttausend Besucher jährlich (Ende April/Anfang Mai, www.maimarkt.de).

> **Schillerplatzfest:** kleines Fest mit aufklärerischem Bühnenprogramm aus Texten und Musik im Schatten des Schillerdenkmals nahe der Jesuitenkirche (Juli, www.visit-mannheim.de)

> **SRH Dämmer Marathon Mannheim:** traditioneller Stadtlauf, der bei Dämmerlicht beginnt und nach Seckenheim und Ludwigshafen führt. Zu den Höhepunkten gehört der Streckenabschnitt über einen roten Teppich im Schloss. Der gut 42 Kilometer lange Lauf endet am illuminierten Rosengarten (Mitte Mai, www.daemmermarathon-mannheim.de).

> **Mannheimer Stadtfest:** Großveranstaltung in der Quadratestadt mit Essensständen und Musikbühnen, auf denen für fast jeden Geschmack etwas geboten wird (letztes Maiwochenende, www.visit-mannheim.de)

> **Time Warp:** Mit 130 Beats pro Minute wird im Frühjahr auf dem Maimarktgelände von internationalen DJs die Open-Air-Saison eröffnet. Dazu kommt eine Sound- und Licht-Show vom Feinsten, welche die Nacht zum Erlebnis macht (Mai, www.time-warp.de).

KURZ & KNAPP

Maimarkt Mannheim

Im Jahr 1613 erhielt Mannheim Marktrechte. Für den Markt um den 1. Mai bürgerte sich schnell der Name Maimarkt ein. Es war ein **Krämer- und Viehmarkt,** auf dem vor allem mit Pferden gehandelt wurde. Mehr als ein dutzend Mal wechselte der Markt seinen Standort, der anfangs auf den Planken oder auf dem Paradeplatz stattfand und inzwischen auf dem **Mühlfeld** gegenüber der SAP-Arena ㉘ seinen Platz gefunden hat. Knapp 50 Hallen, die schon Wochen vorher aufgebaut werden, beherbergen heute mehr als tausend Aussteller. Sie stehen für fast alles, was Verbraucher interessiert: von der Urlaubsreise über Fitnessangebote bis zur Grabgestaltung. Besonders großgeschrieben werden **Garten- und Hausbau, modernes Wohnen und Einrichten, Mode, Kunsthandwerk** und **Heimwerkerausrüstung.** Und für Kinder sind die landwirtschaftlichen **Tierlehrschauen** mit waghalsigen Reitvorführungen ein Erlebnis. Sogar einen kleinen **Streichelzoo** gibt es gewöhnlich auf dem Maimarkt, in dem Pferd, Kuh, Kalb, Ferkel und Kaninchen ebenso zu Hause sind wie Geflügel.

Sommer

> **Maifeld Derby:** Tausende junger Leute treffen sich jährlich auf dem Maimarktgelände zum dreitägigen Festival mit vielen Nachwuchsgruppen und Routiniers aus den Bereichen Indie-Rock, Mellow Pop und Folk (Juni, www.maifeld-derby.de).

> **Mannheimer Sommer:** abwechslungsreiches Kulturprogramm des Nationaltheaters (Juni, www.nationaltheater-mannheim.de)

> **Internationale Schillertage:** Festival des Nationaltheaters, modernes Theater im Geiste Friedrich Schillers (alle zwei Jahre im Juni, www.nationaltheater-mannheim.de)

> **Schlossfest der Universität Mannheim:** Mit einem großen Fest begrüßt die Hochschule traditionell die Erstsemester. Dazu gehört neben einem Bühnenprogramm gewöhnlich auch ein Feuerwerk (Mitte Sept., www.uni-mannheim.de/schlossfest).

> **Christopher Street Day:** buntes Straßenfestival der LGBT-Szene mit großem Umzug durch Mannheim und Ludwigshafen (Mitte August, www.csdrn.de)

> **Hafenfestival Mannheim:** zweitägige Party am Verbindungskanal im Jungbusch-Quartier. Drei Dancefloors laden zum Tanz (Ende Sept., www.hafenfestival-mannheim.de).

Herbst

> **Blumepeterfest:** Benefizveranstaltung der Mannheimer Karnevalsgesellschaft Feuerio am Wasserturm in Erinnerung an das Mannheimer Original Blumepeter (Ende Sept., www.feuerio.de/blumepe

terfest, s. S. 28). Stände mit Essen und Getränken, deren Erlös sozialen Zwecken zugutekommt.

> **Oktobermesse:** großer Jahrmarkt auf dem Neuen Messplatz in Neckarstadt mit vielen Fahrgeschäften und Feuerwerk (Ende Sept.-Anfang Okt., www.schaustellerverband-mannheim.de)

> **Enjoy Jazz:** populäres und international bekanntes Musikfestival auf rund zwei Dutzend Bühnen in der Stadt, auch mit internationalen Jazzmusikern (Sept.–Nov., www.enjoyjazz.de)

> **Internationales Filmfestival Mannheim-Heidelberg:** Dutzende von Uraufführungen im Arthouse-Bereich, also von Filmen, die außerhalb großer Studios produziert wurden, vereinen Cineasten und Filmfreunde am Neckar (Mitte Nov., www.mannheim-filmfestival.com).

> **Lichtmeile:** Drei Nächte lang zeigen sich in Neckarstadt-West alte Gründerzeithäuser in buntem Licht. Dazu gibt es ein Rahmenprogramm aus Musik, Kunst und Literatur (Mitte Nov., www.visit-mannheim.de).

Winter

> **Weihnachtsmarkt Mannheim:** Budenzauber rund um den Wasserturm und geselliger Treff bei Glühwein und Punsch. Für Abwechslung sorgen Karussells und ein Riesenrad (Ende Nov.–23. Dez., www.weihnachtsmarkt-mannheim.de).

> **Rosenmontagszug Mannheim-Ludwigshafen:** gemeinsamer Umzug der beiden Schwesterstädte, der jährlich abwechselnd in Mannheim oder Ludwigshafen stattfindet (Febr./März, www.visit-mannheim.de)

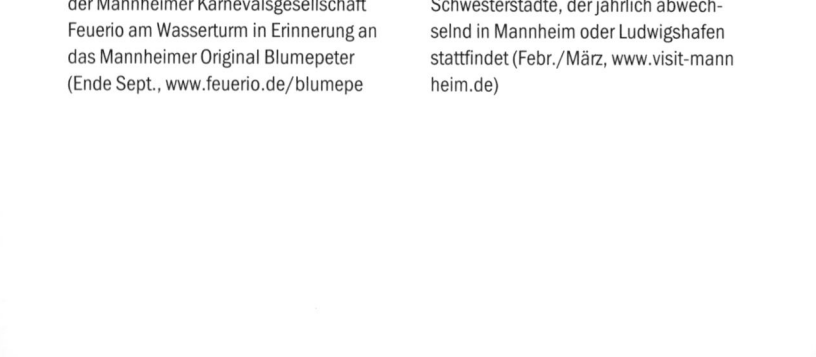

MANNHEIM VERSTEHEN

Mannheim – ein Porträt

Mannheim ist eine Großstadt im Norden Baden-Württembergs und Teil der Metropolregion Rhein-Neckar (s. S. 88). Die Stadt liegt im Oberrheingraben gegenüber von Ludwigshafen und grenzt unmittelbar an die Bundesländer Hessen und Rheinland-Pfalz. Das Stadtgebiet, das sich auf beiden Seiten des Neckars erstreckt, ist knapp 150 Quadratkilometer groß. Es gliedert sich in 38 Stadtteile. Die für Besucher interessantesten sind neben der Quadratestadt die Stadtteile Jungbusch im Norden und die Ost- und Schwetzingerstadt im Süden.

Mannheim ist eine multikulturelle Metropole, ein Schmelztiegel einer modernen Gesellschaft, die viele Gesichter hat. Kaufhäuser und Geschäfte prägen die Quadratestadt, das Herz Mannheims. Jahr für Jahr spülen sie viel Geld in die Stadtkasse. Neckar und Rhein sind die Lebensadern, die den heutigen Wirtschaftsstandort Mannheim entscheidend geprägt haben. Und noch immer sind die Häfen Umschlagplatz für Wirtschaftsgüter im Wert vieler Hundert Millionen Euro. Aber auch Dienstleister wie das Universitätsklinikum sorgen für viele Arbeitsplätze.

Dass Mannheim heute neben Freiburg und Karlsruhe die einwohnerstärkste badische Stadt ist, liegt auch an den zahlreichen **Eingemeindungen**. Schon kurz vor dem Wechsel ins 20. Jahrhundert waren Käfertal, zu dem damals auch Waldhof gehörte, und Neckarau unter die Fitti-

Mannheim in Zahlen

- ❭ **Einwohner:** 322.000
- ❭ **Fläche:** 144,96 km²
- ❭ **Höhe ü. M.:** 97 m
- ❭ **Kfz-Kennzeichen:** MA
- ❭ **Vorwahl:** 0621
- ❭ **Stadtwappen:** Zweigeteilt zeigt es auf der einen Seite eine rote Wolfsangel auf gelbem Grund, auf der anderen einen goldenen Löwen mit doppeltem Schweif, roter Krone, roter Zunge und roten Krallen auf schwarzem Grund. Der Löwe steht für die Zugehörigkeit Mannheims zur Kurpfalz, der Wolfsangel genannte Doppelhaken wird als Symbol für das einstige Dorf Mannheim angesehen.

◁ *Vorseite: Murals, also riesige Wandgemälde, gehören inzwischen zu den Besucherattraktionen der Stadt (s. S. 68)*

▽ *Der Rhein verbindet die Schwesterstädte Ludwigshafen und Mannheim*

che Mannheims geschlüpft. Noch vor dem Ersten Weltkrieg folgten Feudenheim, Sandhofen und Rheinau. Die größte Eingemeindungswelle kam schließlich 1930, als mit Friedrichsfeld, Kirschgartshausen, Sandtorf, Seckenheim und Straßenheim gleich fünf Gemeinden dazukamen. Während die meisten dieser Orte bundesweit kaum auffielen, machte das Arbeiterviertel Waldhof in den 1980er-Jahren Schlagzeilen, als seine Fußballer in der Bundesliga kickten.

Die meisten Stadtviertel zählt **Käfertal** ein Bezirk im Nordosten Mannheims. Bevölkerungsstatistiker prophezeien der Gemeinde bis Ende des nächsten Jahrzehnts eine Bevölkerungszunahme von über 30 Prozent. Das liegt vor allem an den US-Militärs, die 2014 das Benjamin Franklin Village räumten, eine der einst größten US-amerikanischen Wohnsiedlungen in Europa. An ihrer Stelle soll bis 2025 ein eigenes Viertel namens **Franklin** entstehen, dessen 144 Hektar Gesamtfläche etwa der Größe der Mannheimer Innenstadt entsprechen.

Bis zu 9000 Menschen sollen in Franklin einmal wohnen. Ganz im Sinne der Nachhaltigkeit will man viele der einstigen Kasernengebäude und Wohnblocks erhalten, indem man sie energetisch saniert und zeitgemäß modernisiert. Wie dringend neu-

er und vor allem **preiswerter Wohnraum** in Mannheim ist, zeigt die Statistik: 17 Prozent der Bürger leben in Einzimmerwohnungen, knapp 30 Prozent in Zweizimmerwohnungen und gut 24 Prozent in Dreizimmerwohnungen. Vier Zimmer und mehr können sich nicht einmal ein Viertel der Mannheimer leisten.

Früher von den Amerikanern genutzte Flächen sollen auch in **Seckenheim**, wo noch viele alte Bauernhäuser mit schönen Hinterhöfen vom einst profitablen Tabakanbau zeugen, neuen Wohnraum bieten. **Rheinau** ganz im Süden der Stadt, das seinen Namen einer chemischen Fabrik verdankt, um die herum man eine Siedlung baute, wartet mit einem großen Rheinhafen auf, der Teil des Mannheimer Hafens ist. **Feudenheim** rühmt sich, das älteste Mannheimer Gasthaus zu haben und in **Sandhofen** erinnern Gedenktafeln und eine Ausstellung an die unrühmlichsten Stunden in Mannheims Geschichte. In den dortigen Außenstellen der Konzentrationslager Hinzert und Natzweiler-Struthof waren in der Nazizeit Tausende von Häftlingen, darunter über 1000 polnische Männer und Jugendliche, die während des Warschauer Aufstands im Sommer 1944 verschleppt worden waren, als Zwangsarbeiter für Firmen wie Daimler-Benz inhaftiert.

067mh-as©Mathias Weil, stock.adobe.com

Von den Anfängen bis zur Gegenwart

Offiziell ist Mannheim erst gut vierhundert Jahre alt, seine Geschichte wurzelt aber tiefer. So belegen ein im Stadtteil Seckenheim ausgegrabener Ziegelofen und andere Funde, dass die Region schon in römischer Zeit besiedelt war. Der Rhein bot vor allem Fischern und Schiffern Arbeit, die hier schließlich auch eine kleine Siedlung errichteten. Sie lag etwa an der Stelle des heutigen Schlosses und nannte sich Mannenheim. 766 tauchte der Name jedenfalls in einer klösterlichen Urkunde auf.

Urkundlich greifbarer wird Mannheims Geschichte erst im nächsten Jahrtausend. Ende des 13. Jahrhunderts nahmen die Pfalzgrafen bei Rhein aus dem Hause Wittelsbach die Geschicke des Dorfes in die Hand und errichteten unweit des Rheins eine **Zollburg**. Mit dem Sieg über die Truppen Württembergs und Badens bei Seckenheim zementierte **Friedrich von der Pfalz** 1462 im badisch-pfälzischen Krieg schließlich seine Macht am Oberrhein.

1528 tauchte die **Kurpfalz** erstmals auf der Landkarte des Kartografen Sebastian Münster auf. Sie war kein zusammenhängendes Staatsgebiet, sondern ein Flickenteppich, der von der Mosel bis in den Kraichgau reichte. Mannheim war dem **Oberamt Heidelberg** unterstellt und zählte Mitte des 16. Jahrhunderts rund 700 Einwohner. Das Dorf zur Stadt machte schließlich **Kurfürst Friedrich IV. von der Pfalz** (1574–1610), als er den Grundstein zum Bau der Festung Friedrichsburg legte. 1607 machte er Mannheim offiziell zur Stadt, indem er ihm neben den Stadtrechten auch zahlreiche Privilegien wie die Abhaltung zweier Märkte im Mai und September zugestand, aus denen sich der heutige Maimarkt entwickelte.

Nachdem die pfälzischen Kurfürsten als eine der ersten deutschen Machthaber den protestantischen Glauben als Staatsreligion eingeführt hatten, galt es im **Dreißigjährigen Krieg**, sich der Attacken der Katholischen Liga, einem Zusammenschluss der Kurfürsten aus Mainz, Trier und Köln und ihrer Verbündeter, zu erwehren. Gleich mehrfach zerstörten sie die calvinistisch geprägte Stadt, die längere Zeit keine große Rolle mehr spielte und nur mithilfe von Zuwanderern langsam wieder an Bedeutung gewann. Der **Pfälzische Erbfolgekrieg**, bedingt durch Erbschaftsstreitigkeiten und politischen Machtpoker, führte schließlich dazu, dass Ende des 17. Jahrhunderts französische Truppen die Stadt in Schutt und Asche legten und die Bevölkerung vertrieben.

Kurfürst Johann Wilhelm von der Pfalz, Herzog von Jülich und Berg (1658–1716), im Rheinland besser bekannt als Jan Wellem, war es schließlich, der Ende des 17. Jahrhunderts von seinem niederrheinischen Amtssitz Düsseldorf aus den Neuaufbau Mannheims vorantrieb und die im Pfälzischen Erbfolgekrieg geflohenen Bürger zur Rückkehr aufforderte. Der entscheidende Stadtgestalter war aber sein Nachfolger **Carl Philipp** (1661–1742), wie die meisten seiner Vorgänger ebenfalls ein Wittelsbacher. 1720 verlegte der streng katholische Herrscher seinen Regierungssitz von Heidelberg nach Mannheim, wo er sein **Schloss** bauen ließ, noch heute das größte in Deutschland. Erst unter seinem Nachfolger Carl Theodor (1724–1799) wurde der Bau zusammen mit der barocken Jesuitenkirche vollendet.

Mit **Carl Theodor** begann die Blütezeit Mannheims. An seinem Hof gaben sich Künstler und Wissenschaftler die Klinke in die Hand. Goethe und Schiller zählten ebenso zu den Stammgästen wie Mozart, Wieland oder Lessing. Mannheim war damals der Nabel einer Welt, die **Kunst und Kultur** ebenso schätzte wie **Handel und Wissenschaft**. Als „deutsches Athen" wurde die Stadt deshalb gern bezeichnet. Mit dem wöchentlich erscheinenden „Mannheimer Frag- und Kundschaffts-Blatt" erschien 1741 sogar eine **erste Zeitung**. 1778 wurde der Aufschwung jäh gebremst, als der Kurfürst die Nachfolge Ruprechts III., des Kurfürsten der bayrischen Pfalz, antreten musste, der keine Erben für sein Amt hatte. Folglich verlegte Carl Theodor seine Residenz nach München, was ihm viele Mannheimer übel nahmen.

1795 eroberten **französische Revolutionstruppen** Mannheim kampflos. Bei der Rückeroberung durch kaiserlich-österreichische Truppen wurde die Stadt wieder einmal schwer zerstört. Mit dem **Friedensschluss von Lunéville** fanden die Auseinandersetzungen zwischen Frankreich und dem Heiligen Römischen Reich Anfang des 19. Jahrhunderts aber ein Ende. Mannheim wurde damit **Grenzstadt**, da die linksrheinischen Gebiete an Frankreich abgetreten wurden. Noch härter traf Mannheim die Zerschlagung der Kurpfalz. 1803 wurde die Stadt badisch.

Ein Freihafen (1828), die neue Bahnstrecke Mannheim-Heidelberg (1840) und die Gründung der Mannheimer Dampfschleppschifffahrts-Gesellschaft (1842) beförderten rasch den Aufstieg der Stadt zum neuen **Wirtschaftszentrum am Oberrhein**. In nur wenigen Jahrzehnten wurden Tausende neuer Arbeitsplätze geschaffen. Brückenschläge über Rhein und Neckar vernetzten Mannheim mit dem Umland. Hatte die Stadt 1871 noch rund 40.000 Einwohner, waren es drei Jahrzehnte später schon 141.000.

Die Industrialisierung der Region hatte schon früh auch politisch Resonanz gefunden, als führende Köpfe der Vormärz-Zeit – von gemäßigten Liberalen bis radikalen Demokraten – auf eine **gesellschaftliche Neuorientierung** drängten. So konstituierte sich Mitte des 19. Jahrhunderts in Mannheim ein Arbeiter-Bildungs-Verein, der in der Tradition des wenige Jahre vorher gegründeten Handwerker-Gesellen-Vereins stand und mit seinen über 500 Mitgliedern eine der Keimzellen der südwest-

042mh-gs

▷ *Pfälzische Kurfürsten prägten jahrhundertelang die Geschichte der Stadt*

deutschen Sozialdemokratie war. Anhänger Wilhelm Liebknechts und August Bebels fanden sich schließlich in der **Sozialistischen Arbeiterpartei** zusammen, aus der 1890 die SPD hervorgehen sollte. Im gleichen Jahr schickte Mannheim auch erstmals einen SPD-Abgeordneten in den deutschen Reichstag, der mit einem Kollegen 1891 auch in die zweite Kammer des badischen Landtags gewählt wurde. Trotzdem bestimmten lange Jahre – auch wegen des damaligen Dreiklassenwahlrechts – noch Nationalliberale die Lokalpolitik. Erst in den 1920er-Jahren wurden die **Sozialdemokraten** zur stärksten politischen Kraft in Mannheim. 1928 wurde mit Hermann Heimerich erstmals ein Sozialdemokrat Oberbürgermeister, den die Nationalsozialisten 1933 allerdings aus dem Amt jagten. 1949 machten ihn die Mannheimer wieder zum Stadtoberhaupt, nachdem die ersten Nachkriegsjahre ein CDU-Mann das Sagen hatte.

Der Wiederaufbau der Stadt nach dem Zweiten Weltkrieg begann nur langsam. Den ersten richtigen Schub brachte 1967 die **Gründung der Universität**. Noch mehr Schubkraft hatte schließlich 1975 die **Bundesgartenschau** mit ihren vielen Millionen Besuchern. Ihr verdankt Mannheim seine zweite Rheinbrücke, den unübersehbaren Fernmeldeturm, die Fußgängerzone Planken und die Freizeitoasen Luisen- und Herzogriedpark. Bis zum Ende des letzten Jahrhunderts kamen zudem ein großes Stadion, die Erweiterung oder Neugründung von Museen und ein neu-

Metropolregion Rhein-Neckar

Mannheim, Heidelberg und Ludwigshafen bilden mit ihrem Umland die Metropolregion Rhein-Neckar, in der heute rund zweieinhalb Millionen Menschen zu Hause sind. Ihr Name verweist auf die beiden wichtigsten Flüsse der Region. Ihr Gebiet – weitgehend identisch mit der ehemaligen Kurpfalz – reicht auf der linken Rheinseite von der Stadt Worms den Rheingraben entlang bis zur französischen Grenze. Auf der rechten Rheinseite gehören der Metropolregion neben den Städten Heidelberg und Mannheim der südhessische Kreis Bergstraße und die baden-württembergischen Kreise Rhein-Neckar und Neckar-Odenwald an.

Hervorgegangen ist die Metropolregion aus der 1951 von den Städten Mannheim, Ludwigshafen, Heidelberg und Viernheim sowie den Landkreisen Ludwigshafen und Heidelberg gegründeten „Kommunalen Arbeitsgemeinschaft Rhein-Neckar". Knapp zwei Jahrzehnte später entschieden sich die Bundesländer Baden-Württemberg, Hessen und Rheinland-Pfalz in einem ersten Staatsvertrag zur engeren Kooperation, aus der 1970 der Raumordnungsverband Rhein-Neckar erwuchs. Schließlich erkannte auch die Wirtschaft das Potenzial länderübergreifender Zusammenarbeit, sodass sich 2003 die „Initiative Zukunft Rhein-Neckar-Dreieck" bildete. Zwei Jahre später wurde die Region offiziell zur „Europäischen Metropolregion". Ein neuer Staatsvertrag der drei das Gebiet verwaltenden Bundesländer legte schließlich den Grundstein zur weiteren gemeinschaftlichen Regionalentwicklung, zu der neben Verkehrsverbünden vor allem gemeinsame kulturelle Angebote gehören.

es Stadthaus hinzu. Weitere Investitionen bringt die Bundesgartenschau 2023 mit sich, die ebenfalls wieder in Mannheim stattfindet und die Metropolregion Rhein-Neckar neu beleben soll.

Stadtgeschichte in Zahlen

766 Erste urkundliche Erwähnung des Dorfes „Mannenheim"

1284 Die Pfalzgrafen bei Rhein aus dem Hause Wittelsbach übernehmen die Stadt.

1439 Eine Steuerliste erfasst 97 Haushalte, was auf rund 500 Einwohner deutet.

1607 Mannheim erhält Stadtrechte.

1665 Die erste Lateinschule nimmt den Unterricht auf.

1689 Französische Truppen zerstören Mannheim.

1699 Mannheim erhält ein Postamt.

1720 Kurfürst Carl Philipp verlegt seinen Hof von Heidelberg nach Mannheim.

1763 Gründung der „Kurpfälzischen Akademie der Wissenschaften"

1769 Goethe besucht erstmals die Stadt.

1778 Kurfürst Carl Theodor verlegt seine Residenz nach München.

1782 Uraufführung von Schillers „Die Räuber"

1802 Mannheim wird badisch.

1828 Eröffnung des ersten Freihafens am Rhein

1840 Eröffnung der Bahnlinie nach Heidelberg

1845 Einweihung der ersten Neckarbrücke

1867 Die erste Eisenbahnbrücke über den Rhein wird eröffnet.

1900 Die erste elektrische Straßenbahn nimmt ihren Betrieb auf.

1911 Probeflug des ersten in Mannheim gebauten Zeppelins

1915 Erster Flugzeugangriff auf Mannheim im Ersten Weltkrieg

1919 In Mannheim werden erstmals in Deutschland Frauen in ein Parlament gewählt.

1925 Mannheim zählt mehr als 250.000 Einwohner.

1935 Einweihung der Reichsautobahn Heidelberg-Mannheim-Darmstadt

1943 Bei schweren Bombenangriffen im September sterben über 400 Menschen.

1945 US-Truppen besetzen die Stadt. Mannheim wird ihr wichtigster deutscher Standort.

1949 Der VfR Mannheim wird Deutscher Fußballmeister.

1957 Neubau des Nationaltheaters

1975 8,1 Millionen Besucher bescheren der Bundesgartenschau einen Rekordbesuch.

2014 Mannheim erhält den Titel UNESCO City of Music.

2019 Die Eishockeymannschaft Adler Mannheim wird zum achten Mal Deutscher Meister.

2020–2022: Die Covid-19-Pandemie hat auch in Mannheim Auswirkungen auf die Wirtschafts- und Tourismuszahlen.

2023 Mannheim richtet erneut die Bundesgartenschau aus.

◸ *Der 1957 entstandene Neubau des Nationaltheaters* **16**

Leben in der Stadt

Zum Jahresanfang 2022 zählte Mannheim ca. 322.000 Einwohner. Idealerweise fast genau so viele Frauen (49,8 Prozent) wie Männer (50,2 Prozent). Kinder und Jugendliche unter 18 Jahren machten fast 15 Prozent der Bevölkerung aus. Dass die Stadt sich aber so jung anfühlt, liegt an den mehr als 25.000 **Studierenden,** die an den Universitäten und Akademien eingeschrieben sind und mit dafür sorgen, dass das Durchschnittsalter in Mannheim nur 42 Jahre beträgt.

Für multikulturelles Leben in der Stadt sorgen die rund 150.000 **Menschen mit Migrationshintergrund,** die inzwischen fast die Hälfte der Einwohner Mannheims ausmachen. Insgesamt leben Menschen aus fast 170 Nationen am Neckar. Die meisten stammen aus der Türkei (18,7 %), Polen (10,8 %), Italien (7,4 %), Bulgarien (5,4 %) und Rumänien (6,2 %).

Obwohl die Sterbefälle in den letzten Jahren immer über den Geburtenzahlen lagen, **wächst die Stadt.** Der Grund ist der noch immer starke Zuzug. Baden-Württembergs Demografen gehen davon aus, dass Mannheim auch in den nächsten Jahren weiterwachsen wird, allerdings längst nicht mehr so stark wie in den letzten Jahrzehnten: Bis zum Jahr 2040 werden 5,7 Prozent mehr Einwohner prognostiziert. Eine Überalterung wie in vielen anderen deutschen Städten soll es am Zusammenfluss von Rhein und Neckar nicht geben.

Der strukturelle und gesellschaftliche Wandel Mannheims zeigt sich auch in der **Konfessionszugehörigkeit.** Stellten im letzten Jahrhundert noch die Christen die deutliche Mehrheit der Bevölkerung, machen sie heute nicht einmal mehr ihre Hälfte aus. Rund 20 Prozent Protestanten und 26 Prozent Katholiken stehen eine Mehrheit von Andersgläubigen oder Menschen ohne Konfession gegenüber. Schön zu sehen ist das im Stadtteil Jungbusch, wo am Luisenring die katholische Liebfrauenkirche gegenüber einer der größten Moscheen im deutschen Südwesten steht.

Vor einigen Jahren wurde das **Mannheimer Bündnis** ins Leben gerufen, das sich für ein respektvolles Miteinander der Menschen in der Stadt einsetzt. Rund 350 Institutionen – von der Agentur für Arbeit bis zum Turnverein Käfertal – haben sich in dem Bündnis verpflichtet, unterschiedliche Identitäten und Lebensentwürfe anzuerkennen: „Wir wollen ein Klima in unserer Stadt schaffen, in dem die Menschen ihre Potentiale bestmöglich entfalten können und einen Zugang zur gleichberechtigten Teilhabe am gesellschaftlichen Leben haben".

Eines der Probleme, das Mannheim auch aus Gründen des Umweltschutzes zunehmend Sorgen bereitet, ist die hohe **Verkehrsdichte,** die vor allem in der Rushhour morgens und abends spürbar ist. Rund 31 Stunden, wollen kluge Köpfe ausgerechnet haben, verbringt man in Mannheim inzwischen jährlich im Stau. Mit der Schaffung von neuen Radwegen und der Ausweisung von Fahrradstraßen, in denen Radler auch nebeneinander fahren dürfen, versucht die Stadtregierung, Autofahrer zum Umstieg aufs Rad oder den öffentlichen Nahverkehr zu bewegen. Noch lieber wäre es den Planern, es gäbe noch mehr Fußgänger!

Touristisch zieht die Stadt Besucher mit ihren Sehenswürdigkeiten und Museen, aber auch dem großen

044mh-gs

Musikstadt Mannheim

Angebot an Freizeitmöglichkeiten an. Hinzu kommen Tagungsgäste und Einkaufsbummler. In Zusammenarbeit mit dem benachbarten Heidelberg bemüht sich Mannheim aber auch verstärkt um Urlauber, die mehr als ein Wochenende in der Region verbringen wollen. Große Hoffnungen setzen die für den Fremdenverkehr Verantwortlichen zudem auf die **Bundesgartenschau 2023**, die ähnlich wie ihr Vorgänger im Jahr 1975 wieder Hunderttausende von Touristen nach Mannheim bringen soll.

Was haben Wolfgang Amadeus Mozart und Caterina Valente gemeinsam? Nichts, werden die meisten antworten. Beide aber prägte die Musikstadt Mannheim, die neben Hannover Deutschlands einzige **City of Music** ist. Mit diesem Label würdigt die UNESCO Städte wie Liverpool, wo die Beatles Geschichte schrieben, oder Sevilla, wo der Flamenco zu Hause ist. Begründet ist die Auszeichnung in der Förderung musikalischer Talente, der sich zahlreiche Institutionen, allen voran die **Popakademie Baden-Württemberg** (www.popakademie.de) und der benachbarte **Musikpark Mannheim** (https://musikpark.next-mannheim. de) verschrieben haben. Letzterer ist ein städtisches Gründungszentrum, dessen 50 Betreiberfirmen auf knapp 6000 Quadratmetern Fläche Büros, ein Restaurant und ein hochmodernes digitales Tonstudio ihr Eigen nennen.

⌃ *Auf dem Alten Messplatz [E2/3] in Neckarstadt trifft man sich unter anderem zum Skaten*

Der Musikpark versteht sich als Gegenstück zu den großen kommerziellen Musikfirmen und Streamingdiensten, die Newcomern und Musikern abseits des gängigen Mainstreams kaum Startchancen bieten. Zahlreiche Fachleute vom Urheberrechtsspezialisten bis zum Bühnenlichtdesigner und Soundingenieur geben hier ihr Wissen weiter.

Auf Chancen setzte auch Wolfgang Amadeus Mozarts Vater Leopold, als er Mitte des 18. Jahrhunderts für seinen Sohn eine Konzertreise organisierte. In deren Rahmen spielte der Junge 1763 in der Sommerresi-

Pfälzer Mundart

Obwohl Mannheim seit Anfang des 19. Jahrhunderts offiziell zu Baden und nicht mehr zur Pfalz gehört, empfindet man in der Quadratestadt noch immer große Sympathien für die Pfalz und die Pfälzer. Das liegt vor allem an Mannheims Mundart, die dem Pfälzer Idiom nähersteht als dem badischen und meist auch etwas lebhafter ist. „Drum babble mir e bissel lauter wie anner Leit bei uns zu Land", heißt es in einem Mundartgedicht. „Schtatt Bable sächt ma a Geplauter, deß is mim Kreische stammverwandt, drum heeßt ma uns die große Krischer …"

Stolz blickt Mannheim inzwischen auf die vielen aus der Stadt stammenden Musiker und Comedians, welche den pfälzischen Singsang auch mal in Blues oder Calypso gießen oder ihn zum Rappen nutzen. Dazu gehören etwa Christian Habekost und Bülent Ceylan, der schon als Schüler mit Boris-Becker-Parodien glänzte und beim Abi-Ball als Helmut Kohl auftrat.

Wie das Pfälzische ist auch der kurpfälzische Mannheimer Dialekt, der in jedem Stadtteil ein bisschen anders klingen kann, zum Teil französisch geprägt. Dazu gehört das Füllwort „álla", das an das französische „Allez" erinnert. Bekannt ist zudem die Grußformel „Heeaah" oder besser „Heer", die zum Standardrepertoire aller Stimmimitatoren gehört, welche die deutsche Tennis-Ikone Boris Becker, auch ein Kurpfälzer, parodieren.

Weil der Mannheimer in der Nachbarschaft gern selbstbewusst auftritt, was man ihm oft als Überheblichkeit auslegt, ist er als Bloomaul verschrien. Der Begriff leitete sich von „blooe" ab, das in der Kurpfalz so viel wie „aufschneiden" oder „übertreiben" bedeutet. Doch was einst ein Schimpfwort Auswärtiger über die Mannemer war, gilt längst als Ehrentitel. So wird jährlich zu Fastnacht der sogenannte Bloomaul-Orden verliehen, eine der höchsten gesellschaftlichen Auszeichnungen Mannheims.

„Mannem vonne" ist der Slogan, den die Mannemer manchmal noch immer so pflegen wie die Hamburger ihr „Hummel, Hummel". Angeblich ist er der Zugtrennung im alten Bahnhof Friedrichsfeld geschuldet, wo man die vorderen Wagen der Züge von Heidelberg Richtung Darmstadt und Frankfurt von denen nach Mannheim trennte. Fahrgäste in Richtung Quadratestadt wurden damals angeblich vom Schaffner mit dem Aufruf „Mannem vorne" in die vorderen Wagen geschickt. Eine Aufforderung, die schließlich zum Geflügelten Wort wurde, zum Erkennungszeichen einer Gesellschaft, die angesichts ihrer politischen Bedeutungslosigkeit in Badener Landen so weiter ihren Stolz artikulierte.

denz des damaligen Kurfürsten Carl Theodor erstmals vor. Für Mozart senior war das damalige Mannheimer Hoforchester „das beste in Teutschland". Lauter engagierte junge Musiker machte er in seinen Reihen aus, „durch aus Leute von guter Lebensart, weder Säufer, weder Spieler, weder liederliche Lumpen; so, dass so wohl ihre Conduite als ihre production hoch zuschätzen ist".

1777 fuhr **Wolfgang Amadeus Mozart** erneut nach Mannheim, um eine Zeit lang dort zu leben. Statt Miete zu zahlen, gab er der Tochter des Hausbesitzers Klavierunterricht. Es waren prägende Zeiten für den jungen Mozart, der in Briefen an den Vater schwärmte: „Wie ich Mannheim liebe, so liebt auch Mannheim mich!" Mozarts Ziel war eine Anstellung als Komponist am kurfürstlichen Hof, dessen Orchester als das damals beste Europas galt. Als „Mannheimer Schule" war seine Spieltechnik weltbekannt. Für Mozart war aber kein Platz am Mannheimer Hof, sodass er die Stadt 1778 enttäuscht verließ. Nur 1790 kehrte er noch einmal zurück, um „Die Hochzeit des Figaro" zu dirigieren.

So wie Mozart machten sich nach dem Zweiten Weltkrieg auch zwei junge Leute in Mannheim Hoffnung auf eine musikalische Karriere: Jazzmusiker **Wolfgang Lauth**, der nach dem Studium an der Musikhochschule Mannheim deutsche Schlagermelodien oder barocke Klänge verjazzte und Mitte der 1950er-Jahre gleich zweimal zum „Jazzmusiker des Jahres" gewählt wurde, und **Caterina Valente**. Im Spätherbst 1953 meldete sich die selbstbewusste Sängerin beim Südwestfunk in Baden-Baden zum Vorsingen. Dort suchte Kurt Edelhagen für sein Orchester seit Jahren eine Frau als Sängerin. Mit Caterina Valente hatte er sie gefunden. Sie brachte das Feeling mit, das man damals nur Ella Fitzgerald zubilligte, der „Queen of Jazz". Wie keine andere Europäerin verkörperte Valente den Swing, die populärste Form des Jazz. Er lebte von der Improvisationskunst, welche Valente perfektionierte. Noch erfolgreicher waren aber ihre Schlagerproduktionen wie „Ganz Paris träumt von der Liebe" oder „Tschau, Tschau, Bambina", die Sehnsüchte und Träume der 1950er-Jahre artikulierten und in der jungen Bundesrepublik Millionen Fans fanden.

Für Musiker war Mannheim damals ein Eldorado. Abend für Abend vergnügten sich hunderte von in Mannheim stationierten US-Soldaten in den Clubs der Stadt und es gab Jazz, Blues und Rock'n'Roll satt. Dort trat auch die Verkäuferin Erna Strube, eine waschechte Mannheimerin, auf. Ihr Spitzname war Joy, sodass sie schließlich den Künstlernamen **Joy Fleming** annahm und 1966 mit Freunden die Band „Joy & The Hit Kids" gründete, die sich später in „Joy Unlimited" umtaufte. Viele Musiker der Gruppe hatten an der Musikhochschule Mannheim studiert.

Wieder eine andere Farbe ins Mannheimer Musikleben brachte **Joachim Schäfer,** der mit seinen Freunden den Beat salonfähig machte. Mit seiner Band **Kin Ping Meh** tourte er mit Gruppen wie Deep Purple, den Hollies oder Uriah Heep kreuz und quer durch Deutschland und vertrat Mannheim bei Auftritten im Beatclub, einer der erfolgreichsten deutschen Popmusiksendungen im Fernsehen.

In den 1970er-Jahren überraschten Joachim Schäfer und Joy Fleming als Solisten mit Mundart-Songs: Schäfer mit dem „Wasserturm-Boogie", Fleming mit dem „Neckarbrückenblues", einem erfolgreichen deutschen Mundart-Hit. Sie machten den pfälzischen Dialekt erstmals für ein breites Publikum salonfähig und legten damit den Grundstein für weitere Mannheimer Künstlerkarrieren wie die von **Christian Habekost**. Habekost, der über karibische Performance- und Musik-Dichtung promovierte, verdiente sich seine ersten künstlerischen Sporen als Calypso-King aus Mannheim. Den Titel verdankte er seinen Auftritten beim Karneval in Trinidad und Tobago, wo er unter dem Namen „Chako" Mitte der 1990er-Jahre ein Massenpublikum mit karibischen Klängen begeisterte. Mit einem der ersten deutschsprachigen Reggae-Songs machte er auch in Deutschland auf sich aufmerksam. 2005 gründete er eine eigene Band, mit der er seine gern auch pfälzischen Texte mit lateinamerikanischen Rhythmen verschweißte.

Mehrfach stand der „MundArtischt" dabei mit **Xavier Naidoo** auf der Bühne, dem wohl populärsten, aber wegen seiner Weltansicht auch umstrittensten Mannheimer Musiker. Zusammen mit dem heutigen Musikproduzenten Michael Herberger, dem Urgroßneffen des einstigen Fußballbundestrainers Sepp Herberger, gehörte Naidoo, wegen seines Aussehens in der Schule oft gehänselt und später als Model hofiert, zu den Gründern der **Söhne Mannheims**. Hinter dem Etikett verbarg sich eine musikalische Kommune, deren Mitgliederzahl anfangs stark schwankte. Zu ihren Mitgliedern gehörte zeitweise auch **Edo Zanki**, der vorher mit Herbert Grönemeyer zusammengearbeitet hatte. „Godfather des deutschen Soul" wurde er gern genannt.

Die Söhne Mannheims standen allerdings immer im Schatten ihres Sängers Xavier Naidoo, dessen Lied „Nicht von dieser Welt" mehr als eine Million Käufer fand. Auch für die Fußballweltmeisterschaft 2006 in Deutschland lieferte er mit „Dieser Weg" den passenden Hit. Im Lauf der Jahre eckte der bekennende Katholik Naidoo mit zahlreichen Liedzeilen und Interviewäußerungen aber immer wieder an. Kritiker unterstellten ihm Antisemitismus und eine Nähe zu Reichsbürgern und Corona-Leugnern, sodass sich auch die Söhne Mannheims von ihm distanzierten und er 2017 die Band verließ. Die hat sich inzwischen neu aufgestellt und ist in ihrer Besetzung noch internationaler geworden.

Zu den Motoren des Mannheimer Musiklebens gehören mehr und mehr junge Leute, die an der Popakademie studieren, zu deren heute rund 150 Dozenten eine Zeit lang auch Xavier Naidoo gehörte. Mit der Schaffung einer **Orientalischen Musikakademie** und eines ersten **Weltmusik-Studiengangs** setzte die Bildungseinrichtung, an der man seinen Master oder Bachelor machen kann, zudem neue Schwerpunkte in ihrer Arbeit. Pionierarbeit in Sachen Musik und Popkultur leistet auch ein eigener Beauftragter der Stadtverwaltung, der das „Mannheimer Modell" in aller Welt propagieren soll. Ein weiterer Pfeiler im Mannheimer Musikleben ist die **Staatliche Hochschule für Musik und Darstellende Kunst Mannheim** (www.muhomannheim.de), die sehr praxisorientiert ausbildet – und damit der Arbeit jener Mannheimer Hofkapelle ähnelt, die schon den Mozarts Bewunderung abrang.

PRAKTISCHE REISETIPPS

An- und Rückreise

Mannheim ist aus allen Richtungen gut zu erreichen: per Schiene und Straße, aber auch mit dem Flugzeug via Frankfurt oder Stuttgart. Innerhalb der Stadt und auch in die weitere Umgebung verkehren Busse und Straßenbahnen. Mit der Bahn ist es auch ins benachbarte Heidelberg meist nur ein Katzensprung. Für einen Kurztrip nach Mannheim braucht man also kein eigenes Auto.

Mit dem Auto

Aus Westen (Saarbrücken) und Osten (Heilbronn) erfolgt die Anreise in der Regel über die Autobahn A6. Die A5 führt von Süden (Freiburg) nach Mannheim. Gleich zwei Autobahnen, die A5 und A67, erreichen die Stadt aus Richtung Norden. Wertvolle Hilfe für alle Reisenden ist das **Mobilitätsportal des Landes Baden-Württemberg** (www.svz-bw.de). Es zeigt Straßensperrungen, Staus und Verkehrsbehinderungen auf den wichtigsten Autobahnen und Zubringern an.

Statt mit dem eigenen Auto anzureisen, kann man auch eine Fahrt über eine der **Mitfahrzentralen** buchen. Diese Variante senkt die Kosten, schont die Umwelt und ist eine gute Gelegenheit, neue Menschen kennenzulernen. So kosten Mitfahrgelegenheiten zwischen Berlin und Mannheim gewöhnlich zwischen 20 und 30 €.
> www.blablacar.de
> www.bessermitfahren.de
> www.fahrgemeinschaft.de
> www.drive2day.de

◁ *Vorseite: Der ÖPNV ist in Mannheim eine gute Alternative zum Auto*

Mit dem Zug

Eine bei langfristiger Vorausbuchung oft auch preisgünstige Anreisemöglichkeit bietet die Bahn, die meist auch schneller ist, als die Fahrt mit dem Auto. Gleich mehrmals stündlich machen in Mannheim tagsüber schnelle Züge aus allen Regionen Station. Aus München brauchen sie im besten Fall keine drei Stunden, aus Berlin keine fünf. Von Zürich aus ist man in gut drei Stunden hier, gut sieben Stunden dauert die Schienenfahrt mit Umstieg in München oder Salzburg aus Wien. Und wer will, fährt von Mannheim aus in gut drei Stunden nach Paris.

Vom **Hauptbahnhof** ㉒ gibt es gute Bus- und Straßenbahnanschlüsse in die City und alle Vororte. Über die besten Verbindungen und Fahrpreise informieren die Websites der Bahngesellschaften. Sinnvoll ist oft auch die Nutzung spezieller Angebote in Verbindung mit einer Hotelbuchung, welche die Bahntochter Bahnhit (www.bahnhit.de) anbietet.
> www.bahn.de
> www.sbb.ch
> www.oebb.at

Mit dem Bus

Für Reisende mit Zeit kommen auch Busse für die An- und Abreise in Frage. Sie sind oft günstiger als die Bahn. Die neue und moderne Haltestelle der Fernbusse mit Behinderten-WC, Wickeltischen und Schließfächern findet sich in der Heinrich-von-Stephan-Straße, direkt neben dem Mannheimer Hauptbahnhof ㉒.

◿ *Mannheims Hauptbahnhof ㉒ gehört zu den meistfrequentierten im deutschen Südwesten*

068mh-as©Markus, stock.adobe.com

Mit dem Flugzeug

Mannheim besitzt seit 1926 einen eigenen kleinen Flughafen, den Privat- und Geschäftsreisende gern nutzen: den **City-Airport Mannheim** (www.flugplatz-mannheim.de). Allerdings bietet er nur regelmäßige Verbindungen nach Hamburg, Berlin-Brandenburg und auf die Insel Sylt (alle nur im Sommer). Alle Routen bedient die regionale Rhein-Neckar-Air (https://flyrna.com).

Der Großteil der mit dem Flugzeug anreisenden Mannheim-Besucher landet auf dem **Internationalen Frankfurter Flughafen** (www.frankfurt-airport.com), der eine gute halbe Stunde Bahnfahrt vom Mannheimer Hauptbahnhof entfernt ist. Mit dem Bus braucht man fast die doppelte Zeit. Allerdings ist der Flixbus (www.flixbus.de) vom Flughafen (ab 8 €) meist deutlich günstiger als die Bahn (Fahrkarten ab 17,90 €). Mit dem Taxi braucht man eine gute Stunde nach Mannheim (Fahrpreis ca. 80 € bei Vorbestellung).

Unter Umständen lohnt sich auch die Anreise über den **Stuttgarter Flughafen** (www.flughafen-stuttgart.de). Auch von dort ist die Weiterreise per Bahn mit Umstieg am Stuttgarter Hauptbahnhof kein Problem (Fahrzeit rund 90 Minuten, Preis fürs Bahnticket 19,90 €).

Autofahren

Auch in Mannheim gibt es eine **Umweltzone,** welche die gesamte Innenstadt (Quadratestadt, Neckarstadt, Oststadt, Schwetzingerstadt und Jungbusch) umfasst. Der genaue Plan zur Ausdehnung und Lage der Schutzzone findet sich auf der Website des ADAC: https://maps.adac.de/touristik/trans/uwz/D_Umweltzone_Mannheim.pdf. Den Schutzbereich dürfen nur Fahrzeuge mit einer grünen Plakette befahren. Verstöße werden mit einer Geldbuße von 80 € geahndet. Autofahrern sei geraten, sich an die **Tempolimits** zu halten und keine roten Ampeln zu überfahren. Über drei Millionen Euro nimmt die Stadt inzwischen jährlich mithilfe stationärer und mobiler Blitzgeräte ein.

Parken

In Mannheims Innenstadt einen freien Parkplatz entlang der Straßen zu finden, kann viel Zeit kosten. Knapp 7000 öffentliche Stellplätze gibt es, dazu fast 10.000 weitere in Parkhäusern und Tiefgaragen. Da die öffentlichen Stellplätze meist Anwohnern vorbehalten sind, ist es geraten, gleich eines der Parkhäuser anzufahren. Allerdings sind einige, wie die Kaufhof-Garage, in die Jahre gekommen und für große Pkw nicht leicht zu befahren.

Die meisten Parkhäuser bewirtschaften die **Mannheimer Parkhausbetriebe**, die auch eine Reihe von E-Tankstellen betreiben (www.parken-mannheim.de/e-tankstellen). Außerdem verfügt ihre Website über einen Parkhausfinder, der zu jeder Adresse die nächstgelegene Parkgelegenheit anzeigt. Mit die günstigsten Parkmöglichkeiten bietet die Tiefgarage Uni Mensa Schloss.

Über die wenigen **kostenlosen Parkmöglichkeiten**, die sich meist am Neckar befinden, informiert die Website www.gratisparken.de/baden_wurttemberg/mannheim.

Empfohlene Parkgaragen

P96 [D5] **Parkhaus Stadthaus N1**, Einfahrt in der verlängerten Breiten Straße vor dem Stadthaus. 441 Stellplätze, 2 € pro Stunde, Nachttarif (20–6.30 Uhr) 3 €

P97 [F6] **Tiefgarage Kunsthalle**, Friedrichsplatz 5a. 406 Stellplätze im Zentrum, 2 € pro Stunde (maximal 12 €), Abendpauschale (18–6.30 Uhr) 5 €.

P98 [D4] **Tiefgarage Marktplatz**, G1, Einfahrt in der Marktstraße unter dem Marktplatz. 337 Stellplätze mit E-Tankstelle, 2 € pro Stunde (maximal 10 €), Nachttarif (20–6.30 Uhr) 3 €.

P99 [C5] **Tiefgarage Reiß-Museum**, Einfahrt Verlängerte Kunststraße zwischen D5 und C5. Großes Parkhaus mit 365 Stellplätzen und E-Tankstelle, ab 1,40 € pro Stunde (maximal 7 €), Nachttarif (20–6.30 Uhr) 2 €.

P100 [C6] **Tiefgarage Uni Mensa Schloss**, Zufahrt über Bismarckstraße/Schloss, 701 Stellplätze, 1,20 € pro Stunde (max. 6 €), Tagessätze: Sa. 4 €, So. 2 €. Am dortigen Parkautomaten sind auch Parkkarten für zwei Tage und mehr zu erwerben – etwa eine Wochenkarte für 30 €.

Mietwagen

Fast alle großen **Mietwagenfirmen** haben in Mannheim Leihstationen, allerdings sollte man am besten schon von zu Hause aus buchen, entweder direkt beim Verleiher oder über einen der Internet-Vermittler wie www.billigermietwagen.de.

Auch **Carsharing-Anbieter** gibt es in Mannheim, z. B. die Firma Stadtmobil (www.stadtmobil.de) oder den niederländischen Anbieter Snappcar (www.snappcar.de/auto-mieten/mannheim).

Barrierefreies Reisen

Menschen mit Behinderungen hilft die **Mobilitätszentrale der Deutschen Bahn** beim Gepäcktransport und dem Ein- und Ausstieg im Bahnhof nach telefonischer Voranmeldung (Tel. 0180 6512512). Über rollstuhlgerechte Toiletten, barrierefreie Museen, Kinos und Theater, Behindertenfahrdienste und -parkplätze sowie andere Dienstleistungen für Menschen mit Handicap informiert die Website **www.mannheim.travelable.info**.

Hunde

In der Stadt herrscht **Leinenpflicht**. Außerhalb dürfen Hunde grundsätzlich frei laufen, sofern es keine Beschilderung untersagt. Außerdem sind alle Hundehalter verpflichtet, ständig einen Kotbeutel mitzuführen und die Hinterlassenschaften ihrer Vierbeiner zu entfernen.

Drei große **Auslaufwiesen** finden Hundehalter in der Reichskanzler-Müller-Straße zwischen Straße und Bahngelände, bei den Sportanlagen in der Herzogenriedstraße und in Wallstadt nahe dem Bürgerpark, wo man eine 3000 m² große Fläche eingezäunt und zur Freilaufzone für Hunde erklärt hat.

❭ Tierärztlicher Notdienst:
Tel. 0621 13571

Informationsquellen

Infostelle in der Stadt

Die Tourist Information Mannheim befindet sich gegenüber dem Hauptbahnhof. Sie bietet aktuelle Informationen zu Ausflügen und Veranstaltungen. Im Angebot sind zudem Stadtpläne, Wander- und Fahrradkarten, Prospektmaterial und Souvenirs.

❶ 101 [E7] Tourist Information Mannheim, Willy-Brandt-Platz 5, 68161 Mannheim, Tel. 0621 2938700, www.visit-mann heim.de, Mo.–Do. 10–16, Fr. 10–17, Sa. 10–14 Uhr

Mannheim-Apps

❭ **Parken in Mannheim:** Informationsportal der Mannheimer Parkhausbetreiber (kostenlos für iOS und Android)
❭ **VRN Fahrplan:** Fahrplan und Tariffinder für den Verkehrsverbund Rhein-Neckar (kostenlos für iOS und Android)
❭ **Kunsthalle Mannheim:** multimedialer Begleiter durch die Kunsthalle mit Führungen und Informationen zu Ausstellungen, Werken und Veranstaltungen (kostenlos für iOS und Android)

❭ **Mannheim Erleben:** Der „digitale Leitfaden für Mannheims schönste Flecken" führt als digitaler Spaziergang zu verschiedenen Orten in Mannheim, vom Kulturdenkmal über historische Industriestandorte bis zu den schönsten Plätzen zum Erholen. Außerdem werden bekannte Bauwerke, Ereignisse und Persönlichkeiten aus vier Jahrhunderten vorgestellt (kostenlos für iOS und Android).

Mannheim im Internet

❭ **www.mannheim.de:** offizielle Website der Stadt, auch mit touristisch relevanten Informationen
❭ **www.visit-mannheim.de:** offizielle Website des städtischen Tourismusamts
❭ **www.mannheimer-morgen.de:** Online-Ausgabe des „Mannheimer Morgen", der lokalen Tageszeitung
❭ **www.mannheimkultur.de:** informatives Portal zu Kulturangeboten
❭ **www.wochenblatt-reporter.de:** Online-Ausgabe eines Regionalmagazins mit Gastrotipps und mehr

Publikationen und Medien

In Mannheim erscheint der „**Mannheimer Morgen**", eine regionale Tageszeitung. Außerdem gibt es einige kostenlose **Anzeigenblätter**, die in der Zeitungsgruppe Rhein-Neckar erscheinen.

Der regionale Radio- und Fernsehsender ist der **Südwestfunk**. Daneben gibt es mehrere private Hörfunkprogramme wie **Radio Regenbogen**.

Zu den Besonderheiten Mannheims gehört eine sogenannte **Fahrradbibliothek**, die im Sommer im Herzogenriedpark (Mi. 14–17 Uhr) und im Luisenpark (Fr. 14–17 Uhr) zum Einsatz kommt, aber auch beim ein oder anderen Stadtteilfest. Die FaBio ist mit rund 150 Büchern und Spielen für Kin-

Meine Literaturtipps

> Votteler, Adalbert: **Die Feurige Kutsche. Sagen und Geschichten aus dem alten Mannheim,** Quadrate Buchhandlung, Mannheim 1994. Für alle, die Spaß an Geschichten und Geschichte haben. Ein Buch für lange Winterabende!

> **Der Brockhaus – Mannheim.** Brockhaus Verlag, Mannheim 2006. Zum 400-jährigen Stadtjubiläum schenkte der in Mannheim ansässige Brockhaus-Verlag der Stadt ein Lexikon: 384 Seiten geballte Stadtgeschichte. Von Aalschocker bis Zürich-Passage listet das gut illustrierte Buch alles auf, was Mannheim ausmacht.

> **Führer durch Mannheim,** Wellhöfer Verlag, Mannheim. Für alle, die wissen wollen, wie es Anfang des letzten Jahrhunderts in Mannheim ausgesehen hat, welche Sehenswürdigkeiten gefragt waren, welche Züge zu welchen Zeiten ins Umland verkehrten und was Theaterkarten damals kosteten, empfiehlt sich die Neuauflage des historischen Stadtführers von 1907.

> Fiedler, Helmut: **Als Mannheim leuchtete,** Wartberg Verlag, Gudenberg-Gleichen 2007. Geschichten und Anekdoten aus der kurpfälzischen Residenzzeit, schön erzählt von einem Geschichtslehrer. Er berichtet von großen Festen am Hof, launigen Machthabern und deren Liebschaften und von Zeiten, als man auf dem zugefrorenen Rhein noch tagelang feiern konnte.

der ausgestattet, die während des Aufenthalts der mobilen Bibliothek kostenlos genutzt werden können. Eltern oder Kinder mit gültigen Bibliotheksausweisen können sich aus dem Angebot auch gleich etwas mit nach Hause nehmen und in einer der vielen Bibliotheksfilialen wieder abgeben.

Internet

Mannheim bietet unter dem Namen **MA-WLAN** ein frei zugängliches öffentliches WLAN-Netz. Damit ist es möglich, ohne Registrierung kostenfrei und zeitlich unbegrenzt zu surfen – nur unverschlüsselt. Wer verschlüsselt ins Netz will, registriert sich im **MA-sWLAN**. Dazu loggt man sich bei www.ma-wlan.de ein, das anschließend Username und Passwort übermittelt.

Hotspots finden sich an über einem Dutzend Stellen in der Stadt – unter anderem auf dem Markt- und Paradeplatz, rund um den Wasserturm und an vielen Stellen rund um die Planken. MA-WLAN gibt es auch in vielen städtischen Einrichtungen wie Museen oder Bibliotheken. Zudem bieten auch zahlreiche Cafés, Bistros, Restaurants und Hotels ihren Gästen drahtlosen Zugang ins Internet an.

LGBT+

Seit Sommer 2021 bildet Mannheim als eine der ersten Städte Europas eine **LGBTIQ Freedom Zone.** Mit ihrer Ausrufung verpflichtete sich die Stadt zu öffentlichen Maßnahmen zur Förderung und zum Schutz der Rechte aller LGBTIQ-Personen. Außerdem ist die Stadt Mitglied des **Rainbow Cities Network.** Das Leitbild der Stadt sieht vor, dass ab 2030 „kein Mensch aufgrund der sozialen oder ethnischen

Herkunft, der Hautfarbe, des biologischen und sozialen Geschlechts, der geistigen, psychischen oder körperlichen Fähigkeiten, des Alters, der sexuellen oder geschlechtlichen Identität, des Geschlechtsausdrucks oder der vielfältigen Geschlechtsmerkmale, der Religion oder Weltanschauung herabgewürdigt oder diskriminiert wird. LSBTI sind selbstverständlicher und wertgeschätzter Teil der Stadtgesellschaft – von der Schule über das Arbeitsleben bis hin zum Fußballverein." Um die Belange der LGBT-Gemeinde kümmert sich inzwischen sogar hauptamtlich eine eigene Person in der Stadtverwaltung. Hinzu kommen zahlreiche Initiativen, die regelmäßig Programme anbieten. Groß gefeiert wird auch der **Christopher Street Day.** Kleine Partys gibt es regelmäßig in der **Alten Feuerwache** in Neckarstadt.

102 [E3] **Alte Feuerwache,** Brückenstraße 2,Tel. 0621 2939281, https://altefeuerwache.com. Populäres Konzert- und Kulturhaus, das wegen seines Programms auch viele Freunde in der LGBT-Szene hat.

103 [F5] **Café Klatsch,** Hebelstr.3, neben dem Nationaltheater, https://klatsch mannheim.business.site, Treffpunkt für queere Menschen mit Kulturangebot wie Konzerte oder Filme

104 [F5] **Café Lello,** Berliner Str.17, in der Oststadt, www.cafe-lello.de, für Männer und Frauen

105 [E4] **Café Solo,** U4 15–16, www.facebook.com/SoloMannheim, Bar für ein buntes und diverses Publikum, das sich außer sonntags und montags täglich ab 18 Uhr trifft

Medizinische Versorgung

106 [G3] **Universitätsmedizin Mannheim,** Theodor-Kutzer-Ufer 1–3, Tel. 0621 3834472, rund um die Uhr geöffnet. Die Zentrale Notaufnahme befindet sich in Haus 2 und ist auf dem Klinikgelände rot ausgeschildert.

107 [D5] **Hof-Apotheke,** C1 4, Tel. 0621 26290, www.apo-quadrat.de, Mo.–Fr. 8.30–19, Sa. 8.30–16 Uhr

108 [D4] **Kurpfalz-Apotheke,** G3 6, Tel. 0621 22298, www.kurpfalzapo theke.de, Mo., Di., Do. 8–19, Mi., Fr. 8–18.30, Sa. 8–14 Uhr

> **Kassenärztlicher Bereitschaftsdienst:** Tel. 116117

> **Zahnärztlicher Notdienst:** Tel. 0621 38000813

> **Kinderärztlicher Notdienst:** Tel. 0180 6062155 (Kinderklinik)

> **Apotheken-Notdienst:** Tel. 0800 0022833 oder www.aponet.de

062mh:gs

▷ *Die Alte Feuerwache bietet nicht nur Programm für die LGBT-Szene*

Mit Kindern unterwegs

Kinder müssen sich in Mannheim nicht langweilen. Dafür sorgen nicht nur einige **Museen** mit speziellen Angeboten für die Jüngsten, sondern auch **Theater** und zahllose **Spielplätze**. Insgesamt fast 300 zählt die Stadt offiziell, von denen viele auch für die älteren mit **Fußballplätzen**, **Basketballkörben** oder **Skate-Möglichkeiten** ausgestattet sind. Wer will, kann sich die Spielplätze im amtlichen Mannheimer Stadtplan (www.gis-mannheim.de/mannheim/index.php) anzeigen lassen. Sogar einen eigenen **Kinderstadtplan** hat das Stadtmarketing aufgelegt, der in der Tourist Information (s. S. 99) erhältlich ist und interessante Spielplätze mit Rutschen und Schaukeln markiert.

Zu den Hotspots der Jüngsten gehören neben dem Vogelpark im Käfertaler Wald (www.vogelpark-mannheim. de) vor allem der **Herzogenriedpark** (s. S. 57) und der **Luisenpark** ⑳. Im Luisenpark locken ein Bauernhof und ein Indoorspielplatz, im Herzogenriedpark ein Streichelzoo. Mit interaktiven Mitmach-Elementen gehört das **TECHNOSEUM** ㉑ unter Kindern zu Mannheims Lieblingsmuseen und auch in den **Reiss-Engelhorn-Museen** ❺ gibt es für Kinder und Jugendliche einiges zu entdecken.

Eigene Programmangebote für Kinder ab 4 Jahren offeriert das **Planetarium** ⑲, wo Kinder viel Neues über die Sterne erfahren. Fantasiereisen bieten die **Mannheimer Puppenspiele** (s. S. 76), die in den Wintermonaten Kinder ab 3 Jahren mit Märchen begeistern.

Im **Capitol** (www.capitol-mannheim. de), einem Kulturtempel in historischem Gebäude, gibt es sonntagmor-

gens eigens inszenierte Geschichten für Kinder und im **Jungen Nationaltheater**, einer Sparte des Nationaltheaters ⑯, dürfen die Jüngsten sogar selbst auf der Bühne stehen – zum Stolz ihrer Eltern.

Sportangebote

S109 **Eissportzentrum Herzogenried,** Käthe-Kollwitz-Str. 23, Tel. 0621 301095, www.mannheim.de/de/service-bieten/sport/eislaufen, So.–Fr. ab 10, Sa. ab 14 Uhr. Zum Schlittschuhlaufen im Winter lädt die große Eisbahn in der Hans-Helmut-Klaes-Halle. Dort sind sonntagmorgens auch Laufhilfen zu mieten, welche die ersten Schritte auf dem Eis leichter machen. Man kann Schlittschuhe auch leihen.

S110 **Kinder- und Jugendzirkus Paletti,** Im Pfeifferswörth 28a, Tel. 0621 18167625, www.zirkus-paletti.de. Für alle Kinder und Jugendlichen, die Zirkusluft schnuppern und in der Zirkushalle das Jonglieren oder kleine akrobatische Kunststücke lernen wollen. Mutige können sich sogar auf Trapez oder Einrad wagen.

❯ **Kletterhalle Boulder Island** (s. S. 105). Im offenen Klettertreff lernen Kinder ab 6 Jahren dreimal wöchentlich im speziellen Training, wie man sich in Steilwänden bewegt und sich am besten sichert.

S111 **Power-Car Motodrom Mannheim,** Friesenheimer Str. 23, Tel. 0621 3189758, www.kartbahn-mannheim. de, Mo.–Do. 16–23, Fr. 16–24, Sa. 11–24, So. 10.30–22 Uhr. Sonntags zwischen 10.30 und 14 Uhr ist das 528 Meter lange Motodrom eigens für Kinder reserviert. Dann werden die Motoren gedrosselt und Fahrneulinge dürfen auch ohne Kartführerschein erste Runden drehen. Auch in den Schulferien sind Anfänger mittwochs bis freitags von 16 bis 18 Uhr besonders willkommen.

Notfälle

Notrufnummern

> Polizei und Notruf: Tel. 110
> Feuerwehr und Rettungsdienst: Tel. 112
> Giftnotruf: Tel. 06131 19240 (Mainz)
> oder 07611 9240 (Freiburg)

Polizei

➤ **112** [D4] Polizeirevier Mannheim-Innenstadt, H4 1, Tel. 0621 12580

Fundbüro

> Fundbüro der Stadt Mannheim,
> Tel. 0621 2933275

Kartensperrung

Bei **Verlust der Debit-/Giro-, Kredit-** oder **SIM-Karte** gibt es für Kartensperrungen eine **deutsche Zentralnummer** (unbedingt vor der Reise klären, ob die eigene Bank bzw. der jeweilige Mobilfunkanbieter diesem Notrufsystem angeschlossen ist). **Aber Achtung:** Mit der telefonischen Sperrung sind die Bezahlkarten zwar für die Bezahlung/Geldabhebung mit der PIN gesperrt, nicht jedoch für das **Lastschriftverfahren mit Unterschrift.** Man sollte daher auf jeden Fall den Verlust zusätzlich **bei der Polizei zur Anzeige bringen**, um gegebenenfalls auftretende Ansprüche zurückweisen zu können.

In **Österreich** und der **Schweiz** gibt es keine zentrale Sperrnummer, daher sollten sich Besitzer von in diesen Ländern ausgestellten Debit- oder Kreditkarten vor der Abreise bei ihrem Kreditinstitut über den zuständigen Sperrnotruf informieren.

Generell sollte man sich immer die **wichtigsten Daten** wie Kartennummer und Ausstellungsdatum **separat notieren**, da diese unter Umständen abgefragt werden.

> **Deutscher Sperrnotruf:** Tel. 116116 oder Tel. 030 40504050
> **Weitere Infos:** www.kartensicherheit.de, www.sperr-notruf.de

Post

✉ **113** [E5] Post Mannheim, Q7 2, Mo.-Sa. 10–20 Uhr

Radfahren

Radfahren wird in Mannheim immer größer geschrieben. So will die Stadt in den nächsten Jahren viele Parkplätze für Autos in Fahrradstellplätze umwandeln. Außerdem soll das **Radwegenetz** kräftig ausgebaut werden. Zurzeit stehen über 250 Kilometer ausgewiesene Radwege zur Verfügung, hinzu kommen zahlreiche Fahrradstraßen in verkehrsarmen Tempo-30-Zonen.

Auf rund 30 Kilometer Länge quert Mannheim die eigens mit den Europasterne-Rädern ausgeschilderte **Veloroute Rhein**, ein europäischer Fernradweg von Basel bis Rotterdam. Auch Mannheim und Heidelberg verbindet eine Radstrecke ohne Ampelanlage.

Ausgeschildert mit einem charakteristischen Profilbild des Dichters führt ein Radweg **auf den Spuren Friedrich Schillers** vom Mannheimer Schloss nach Oggersheim, wo er eine Zeit lang lebte. Der Jungfernfahrt des Zweirad-Erfinders **Karl Drais** mit seiner Laufmaschine kann man auf einer weiteren Route von seinem einstigen Mannheimer Wohnhaus bis zur damaligen Relaisstation im heutigen Stadtteil Rheinau folgen. **Zwanzig schöne Radtouren** listet zudem die Website www.komoot.de/guide/992/radtouren-rund-um-mannheim auf.

Im gesamten Stadtgebiet stehen über 800 weitgehend überdachte **Bike-and-Ride-Plätze** an Straßen- und S-Bahn-Haltestellen bereit. Dazu kommen zahllose weitere Abstellplätze und ein großes **Fahrradparkhaus** am Mannheimer Hauptbahnhof (Heinrich-von-Stephan-Straße 2), wo man sein Rad für einen Euro pro Tag sicher unterbringen kann. Fahrräder können in den Stadtbahnen und Bussen des RNV und in der Eisenbahn werktags ab 9 Uhr und am Wochenende ganztägig mitgenommen werden. Dazu löst man eine Fahrradkarte (2 €).

049mh-gs

Fahrradverkauf und -reparatur

●**114** [G2] **Altig Radsport,** Lenaustr. 14, Tel. 0621 3361386, www.radsport-altig.de, Di.–Fr. 10–13 und 14–18, Sa. 10–14 Uhr. Fahrradwerkstatt des von der Radsportlegende Rudi Altig gegründeten Radsporthauses in der Neckarstadt. In der Uhlandstraße 12 findet sich der Verkauf. Dort sind auch gebrauchte und neue Rennräder zu haben.

●**115** [B3] **Basement Bikes,** Werftstr. 29, 06216815927, www.basementbikes. de, Di. 10–13 und 14–18, Mi. und Fr. 10–13, Do. 10–13 und 16–20 Uhr. Fahrradwerkstatt im Stadtteil Jungbusch, die auch Kurse zum Reparieren eines Fahrrads anbietet. Im Angebot sind außerdem preiswerte Gebrauchträder.

●**116** [D8] **Velogarage,** Meerfeldstr. 51, Tel. 0621 4296785, www.velo-garage.de, Mo.–Fr. 10–12.30, 15–19, Sa. 11–13 Uhr. Fahrradverkauf und Reparatur.

Mieträder

VRNnextbike ist ein überregionales Fahrradmietsystem, zu dem auch die Städte Mannheim, Ludwigshafen, Heidelberg und Speyer gehören. Allein Mannheim hat inzwischen über 100 Verleihstationen. Räder können an jeder beliebigen Station innerhalb der Region ausgeliehen und zurückgegeben werden. Die Ausleihe der robusten Stadtträder mit 7-Gang-Nabenschaltung erfordert eine einmalige Registrierung per Internet, am Terminal oder per Telefon. Pro Nutzer können bis zu vier Räder ausgeliehen werden, die Tagesgebühr beträgt 12 €. Kürzere Fahrzeiten schlagen mit einem Euro für jede Viertelstunde zu Buche. Sogar Lastenfahrräder sind an ein paar ausgewählten Stationen zu mieten.
❯ www.vrnnextbike.de

Sicherheit

Mannheim ist eine sichere Stadt. Das Zentrum vom Alten Messplatz in Neckarstadt über den Marktplatz bis zum Paradeplatz wird videoüberwacht. Trotzdem gilt es, sich an die normalen Vorsichtsmaßnahmen zu halten und keine Wertgegenstände im Auto zu lassen bzw. immer ein Auge auf sein Portemonnaie, Handy etc. zu haben.

Sport und Erholung

Bowling

S117 **Bowlingpark Mannheim,** Koblenzer Str. 17, Tel. 0621 851720, www.bowlingparkmannheim.de, Mo.–Do. 17–3, Fr.–So. 15–5 Uhr. Preis pro Bahn mit maximal acht Personen: 20 € pro Stunde. Neue Anlage im Stadtteil Käfertal mit sieben Bahnen für Erwachsene und drei für Kinder.

Golf

S118 **Golfclub Mannheim,** Rheingoldstr. 215, Tel. 0621 867463, www.golf-absolute.de/mannheim. Schöne Anlage mit 9-Loch-Platz (PAR 27), auf der auch Gäste willkommen sind – im Winter unter Flutlicht bis 21 Uhr.

Klettern

S119 **Boulder Island,** Industriestr. 39, Tel. 0621 39187898, www.boulder-island.de, tgl. 10–23 Uhr, 12 €. Kletterhalle, in der auch Anfänger gern gesehen sind. Für sie gibt es eigene Einsteigerpakete mit passenden Kletterschuhen.

⊲ VRNnextbike – mit dem Mietfahrrad die Stadt erkunden

Schwimmen

> Außer dem **Herschelbad** **9** in der Innenstadt gibt es noch **Hallenbäder** in den Stadtteilen Neckarau, Waldhof-Ost, Seckenheim und Vogelstang. Infos siehe www.schwimmen-mannheim.de.

S120 **Carl-Benz-Bad,** Baldurstr. 57. Freibad mit 50-Meter-Bahnen und großer Sprunganlage.

S121 **Freibad Sandhofen,** Kalthorststr. 43. Kleine Wasserrutschbahn, Kinderplanschbecken und 50-Meter-Bahn.

S122 [F1] **Herzogenriedbad,** August-Kuhn-Str. 25. Freibad am Rand des Herzogenriedparks mit 80 Meter Wasserrutsche und 50 Meter langen Schwimmbahnen.

S123 **Parkschwimmbad Rheinau,** Minneburgstr. 74. Große Freibadanlage mit 50-Meter-Bahnen, Volleyballfeld, Boule und Bodenschach.

Tennis

S124 [K8] **Tennissportanlage Rhein-Neckar-Stadion,** Theodor-Heuss-Anlage 25, Tel. 0621 417410, www.vfr-ttk-mannheim.de. Acht Aschenplätze des VfR Mannheim, die täglich zwischen 9 und 21 Uhr offenstehen.

Stadttouren

Das Angebot an offiziellen Stadtführungen, die zum Teil auch als **Kostümführungen** angeboten werden, ist beachtlich. So führt eine als Berta Benz verkleidete Stadtführerin durch die „Stadt der Erfinder". Im Abendlicht ist ein Nachtwächter rund um das Barockschloss und in der Altstadt unterwegs, um über die Entwicklung des Dorfes zur Stadt zu plaudern.

Ganz im Zeichen der einmaligen **Graffiti** stehen zwei Führungen zu den interessantesten Objekten der jährlichen Kunstaktion „Stadt.Wand. Kunst". Der **Brücken- und Industrie-architektur** ist eine andere Tour gewidmet, die auch in das ehemalige Hafenviertel Jungbusch führt, in dem zahllose Clubs, Bars und Restaurants ihren Platz gefunden haben. Fast jeden Samstag geht es zwei Stunden lang durch das **„moderne und historische Mannheim"** (11 €) – ein Marsch, der vom Schloss bis zum Wasserturm führt. Eine zweieinhalbstündige **Bustour** (24 €) bringt Besuchern das „facettenreiche Mannheim" näher, vom Busparkplatz vor den Reiss-Engelhorn-Museen vorbei am Schloss und dem Friedrichsplatz kreuz und quer durch die Stadt bis zurück zum Ausgangspunkt. Alle Touren sind bei der **Touristeninformation Mannheim** (s. S. 99) zu buchen.

Andere Anbieter offerieren z. B. **kulinarische Touren** oder führen Besucher per **Segway** durch die Quadratestadt. Nachfolgend ein paar Adressen:

❯ www.eat-the-world.com/stadtfuehrung/mannheim
❯ www.mannheimtours.de
❯ https://stadtfuehrungmannheim-de.jimdo.com/führungen-stadtteile
❯ www.getyourguide.de

Unterkunft

Für Gäste stehen **Betten in allen Preisklassen** zur Verfügung. In den letzten Jahren sind zudem viele auf ein junges Publikum zugeschnittene Hotels wie das NYX Hotel hinzugekommen. Vor der Pandemie hatte Mannheim erstmals die Zahl von 1,5 Millionen Übernachtungen überschritten. Für eine Bettensteuer fand sich in der Stadt bislang noch keine politische Mehrheit.

Preiskategorien
Preise für Doppelzimmer ohne Frühstück:

€	bis 90 €
€€	90–150 €
€€€	ab 150 €

Empfehlenswertes Unterkünfte

125 Hotel Weingärtner €-€€, Kehlerstr. 4, Tel. 0621 483750, www.hotelweingaertner.com. **Übernachten in einer umgebauten Tabakscheune aus dem 18. Jahrhundert:** Das 3-Sterne-Haus im Stadtteil Seckenheim bietet 12 Zimmer und drei Suiten. 19 Apartments stehen in benachbarten Gästehäusern zur Verfügung. Zum Hotel gehören eine Weinstube und ein Biergarten.

126 [D7] **Intercity Hotel Mannheim** €€, Schlossgartenstr. 1/Ecke L 13, Tel. 0621 4018110, www.intercityhotel.com. **Für die ganze Familie:** gediegenes Haus mit Restaurant, Bar und Bistrolounge in Fußweite des Hauptbahnhofs. Auch Hunde sind hier willkommen.

127 [D8] **Jugendherberge Mannheim** €-€€, Rheinpromenade 21, Tel. 0621 822718, www.jugendherberge-bw.de. **Direkt am Rhein:** im Stadtteil Lindenhof gelegene Herberge mit 258 Betten und Übernachtungspreisen ab 35,70 €. Voraussetzung ist die Mitgliedschaft im Deutschen Jugendherbergswerk.

128 [F5] **Kleiner Rosengarten** €€, U6 19, Tel. 0621 1234769100, www.kleinerrosengarten.com. **Privat geführtes Hotel am Wasserturm:** 25 individuell eingerichtete Zimmer in einem alten Haus. Im Erdgeschoss findet sich ein Restaurant mit mediterraner Küche, im Keller die Vinothek & Whiskey-Lounge.

129 [C4] **Mercure Hotel am Rathaus** €, F7 5–13, Tel. 0621 336990, https://all.

accor.com. **Hundefreundliches 3-Sterne-Haus:** 150 rauchfreie und klimatisierte Zimmer in Fußweite des Marktplatzes. Kleines Schwimmbad, Frühstück auch auf dem Zimmer möglich.

🏨**130** [H8] **NH Hotel Mannheim** €, Seckenheimer Str. 146, Tel. 0621 172920, www.nh-hotels.de. **Wohnen unweit des Europaplatzes:** 225 klimatisierte Zimmer auf sechs Etagen, darunter spezielle Familienzimmer. Restaurant mit Terrasse, Bar und Fitnessstudio. Parkplätze auf dem Hotelgelände.

🏨**131** [D4] **NYX Hotel Mannheim by Leonardo Hotels** €, F 4, 4–11, Tel. 0621 1503930, www.leonardo-hotel.de. **Modern designtes Hotel im Norden der Quadratestadt:** 151 klimatisierte Zimmer und eine Bar, in der manchmal abends DJs Musik zum Tanzen auflegen. Wegen seiner Street-Art-Elemente besonders bei jungen und jung gebliebenen Gästen beliebt.

🏨**132** [B6] **Speicher 7** €€€, Rheinvorlandstr. 7, Tel. 0621 122668715, www.speicher7.com. **Luxuriöses Wohnen in einem alten Getreidespeicher:** 20 individuell eingerichtete und mit formschönen Vintage-Möbeln ausgestattete Zimmer in Rheinnähe. Die Hotelbar gehört zu Mannheims Szenetreffs.

🏨**133** [E7] **Syte** €€–€€€, Tattersallstraße 2, Tel. 0621 4907670, www.sytehotel.de. **Boutiquehotel am Bahnhof:** Zimmer in allen Größen mit Boxspringbetten. Restaurant und stilvolle Bar und Lounge, in der DJs am Wochenende für musikalische Abwechslung sorgen. Viel junges Publikum.

Camping

⚠**135** **Campingplatz Mannheim Strandbad,** Strandbadweg 1, Tel. 0176 55422268, www.campingplatz-mannheim-strandbad.de. **Camping am Rheinufer:** Von April bis Oktober geöffneter

064mh-ges

Campingplatz. 9000 m² großes Gelände mit 62 Parzellen, das auch für Fahrzeuge ohne Umweltplakette zu erreichen ist.

⚠**136** **Wohnmobilstellplatz Mannheim-Neuostheim,** Hans-Thoma-Straße 3, www.wohnmobil-mannheim.de. **15 Stellplätze nahe der SAP-Arena:** in direkter Nachbarschaft zum Maimarkt-Gelände gelegener, ganzjährig geöffneter Wohnmobilstellplatz.

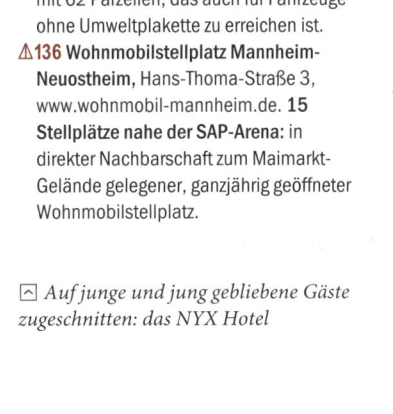

▱ *Auf junge und jung gebliebene Gäste zugeschnitten: das NYX Hotel*

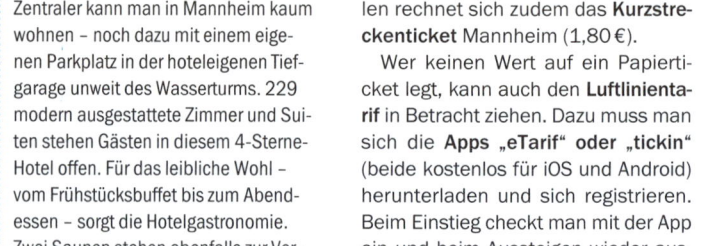

Zentrales Quartier in der Quadratestadt: das Radisson Blu

050mh-gs

Verkehrsmittel

Busse und Bahnen

Den öffentlichen Nahverkehr in und um die Stadt betreibt der **Verkehrsverbund Rhein-Neckar (VRN)**, dessen Gebiet sich über drei Bundesländer (Hessen, Baden-Württemberg, Rheinland-Pfalz) erstreckt. Seine Kernregionen sind die Oberzentren Mannheim, Heidelberg und Kaiserslautern. **Mannheim** und **Ludwigshafen** verbindet zudem ein gemeinsames Straßenbahn- und Busnetz.

Alle Verbindungen im Bereich des VRN kann man sich auf der Website **www.vrn.de** in einem übersichtlichen Routenplaner anzeigen lassen, der auch Alternativen wie die Nutzung von E-Scootern, Mietautos oder Leihrädern („VRNnextbike") anzeigt.

Einzelfahrten mit beliebig vielen Umstiegen im Verkehrsverbund Mannheim-Ludwigshafen schlagen mit 2,80 € (Kinder 2 €) zu Buche.

Sparen lässt sich mit der **Fünferkarte** (2,52 € je Ticket). In vielen Fällen rechnet sich zudem das **Kurzstreckenticket** Mannheim (1,80 €).

Wer keinen Wert auf ein Papierticket legt, kann auch den **Luftlinientarif** in Betracht ziehen. Dazu muss man sich die **Apps „eTarif" oder „tickin"** (beide kostenlos für iOS und Android) herunterladen und sich registrieren. Beim Einstieg checkt man mit der App ein und beim Aussteigen wieder aus,

(MEIN TIPP)

Radisson Blu: zentral gelegen mit bestem Service

Zentraler kann man in Mannheim kaum wohnen – noch dazu mit einem eigenen Parkplatz in der hoteleigenen Tiefgarage unweit des Wasserturms. 229 modern ausgestattete Zimmer und Suiten stehen Gästen in diesem 4-Sterne-Hotel offen. Für das leibliche Wohl – vom Frühstücksbuffet bis zum Abendessen – sorgt die Hotelgastronomie. Zwei Saunen stehen ebenfalls zur Verfügung. Viel gerühmt wird die Rooftop Bar im sechsten Stock, deren Terrasse vor allem im Sommer einer der Mannheimer Hotspots ist. Dann liegt einem die Quadratestadt sozusagen zu Füßen.
🏨**134** [E5] **Radisson Blu** €€-€€€, Q7 27, Tel. 0621 336500, www.radissonhotels.com/de-de/hotels/radisson-blu-mannheim

dann wird der Tarif auf Basis der Luftlinie zwischen Einstiegs- und Ausstiegshaltestelle berechnet, also der kürzesten Entfernung. Mit 1,40 € Grundpreis pro Fahrt und 25 Cent je angefangenem Kilometer Luftlinie wird der Fahrpreis immer fair berechnet. Er ist mit maximal 12,40 € pro Tag gedeckelt.

Am besten fahren Mannheim-Besucher gewöhnlich mit einer **Tageskarte**, die für einen Besucher und ein Kind gilt. Sie kostet 7,20 € und gilt von der Entwertung bis um 3 Uhr des Folgetags. Bei einer Entwertung an Freitagen, Samstagen und an Tagen vor gesetzlichen Feiertagen gilt die Tageskarte sogar bis 6 Uhr des folgenden Tags. **Familien-Tagestickets** (2 Erw. und Kinder) werden für 9,80 € angeboten. Bis zu fünf Personen reisen gemeinsam mit einem **Gruppen-Tagesticket** (14,90 €). Ab 15 Jahren brauchen Reisende ein Erwachsenenticket. **Hunde** werden zum Kindertarif abgerechnet. Die Mitnahme eines **Fahrrads** kostet 2 €. Wer länger

in Mannheim/Ludwigshafen weilt, ist mit einem **5-Tage-Ticket** (28,80 €) gut bedient.

Tickets gibt es an den Fahrscheinautomaten in den Bahnhöfen und an vielen Haltestellen von Bussen und Bahnen. Sie müssen, wenn sie bei Ausgabe noch nicht entwertet sind, vor Fahrtantritt entwertet werden.

Schiffe

In Mannheim gibt derzeit **zwei Fährlinien**. Die Fähre Altrip (www.rheinfaehrealtrip.com) verbindet Neckarau mit Altrip – genauer mit der „Blauen Adria", dem Naherholungsgebiet westlich der Ortsgemeinde. Sie verkehrt ganzjährig zwischen 5.30 und 22.30 Uhr, sonn- und feiertags erst ab 8 Uhr.

⌂ Der Paradeplatz ➏ zählt zu den wichtigsten Verkehrsknoten der Stadt

▷ Ausflugsschiffe auf dem Neckar

Radfahrer können zwischen Sandhofen und der Friesenheimer Insel von April bis September Di. bis So. die **Altrheinfähre** nutzen, ein über 120 Jahre altes Ponton, das an einer Kette vom einen zum anderen Ufer gezogen wird.

Neben der Kurpfalzbrücke liegt ein **Ausflugsschiff** im Neckar vor Anker, das unter anderem zu Hafenrundfahrten und Ausflügen in die Umgebung lädt (www.kurpfalz-personenschifffahrt.de).

Taxis

Der **zentrale Taxistand** in der Innenstadt befindet sich am Bahnhof (Willy-Brandt-Platz [E7]). Die **Grundgebühr** für alle Fahrten beträgt 3,50 €. Die ersten beiden Kilometer schlagen mit 2,90 € zu Buche, jeder weitere mit 1,80 €.

> **Taxi-Zentrale Mannheim,** Tel. 0621 21818, www.taxi-mannheim.de
> **Taxi Mannheim 24h,** Tel. 0160 1132920, www.taxi-mannheim.busi ness.site

Wetter und Reisezeit

Mannheim ist immer ein lohnendes Reiseziel – das ganze Jahr über und bei jedem Wetter. Die **Durchschnittstemperatur** beträgt rund 11 Grad Celsius. Am wärmsten ist es im Juli und August. Im Winter sinken die Temperaturen in der Stadt nur bei stabilen Hochdrucklagen länger unter die Null-Grad-Grenze. Im Hochsommer überschreitet das Thermometer immer häufiger die 30-Grad-Marke. Im Herbst und Winter kann es **Nebel** geben.

Ihre besonderen Reize haben **Frühling** und **Herbst**, wenn die von Neckar und Rhein beförderte überdurchschnittliche Luftfeuchtigkeit, die oft in hochsommerlicher **Schwüle** mündet, nicht so stark zum Tragen kommt. Allerdings muss man in Mannheim und Umgebung auch immer wieder mit **Regen** rechnen, am meisten im Mai und Juni. Auf der anderen Seite scheint die **Sonne** im Oberrheingraben zwischen Odenwald und Pfälzer Wald mit mehr als 1700 Stunden jährlich häufiger als anderswo in Deutschland.

Durchschnitt	Wetter in Mannheim											
Maximale Temperatur	3°	5°	10°	14°	19°	22°	24°	24°	20°	14°	8°	4°
Minimale Temperatur	–2°	–2°	1°	4°	8°	11°	13°	12°	9°	5°	2°	–2°
Regentage	10	8	8	9	10	10	10	10	8	8	10	10
	Jan	Febr	März	Apr	Mai	Juni	Juli	Aug	Sept	Okt	Nov	Dez

ANHANG

Register

Das ist noch nicht alles!

Mehr Reise Know-How gibt es hier:

www.reise-know-how.de

@ ReiseKnowHow

@ reiseknowhowverlag

@ Reise_KnowHow

auf www.reise-know-how.de für den Newsletter anmelden

Zugspitze, Foto: Aneta Niemitz

Reisen mit Know-How!

Inspiration für den nächsten Ausflug

Lieblingsstädte – Entspannte CityTrips in Deutschland, Österreich und der Schweiz

Impressum

Günter Schenk

CityTrip Mannheim

© REISE KNOW-HOW Verlag
Peter Rump GmbH
1. Auflage 2022

Alle Rechte vorbehalten.

ISBN 978-3-8317-3530-3

Printed in Germany

Druck und Bindung:
mediaprint solutions GmbH, Paderborn

Herausgeber: Klaus Werner
Layout: amundo media GmbH (Umschlag, Inhalt),
Peter Rump (Umschlag)
Lektorat: amundo media GmbH
Karten: Ingenieurbüro K.Wendler,
amundo media GmbH
Anzeigenvertrieb: KV Kommunalverlag GmbH &
Co. KG, Alte Landstraße 23, 85521 Ottobrunn,
Tel. 089 928096-0, info@kommunal-verlag.de
Kontakt: Osnabrücker Str. 79, 33649 Bielefeld,
info@reise-know-how.de

Alle Angaben in diesem Buch sind gewissen-
haft geprüft. Preise, Öffnungszeiten usw. können
sich jedoch schnell ändern. Für eventuelle Fehler
übernehmen Verlag wie Autor keine Haftung.

Foto: AdobeStock Darius Productions

Liste der Karteneinträge

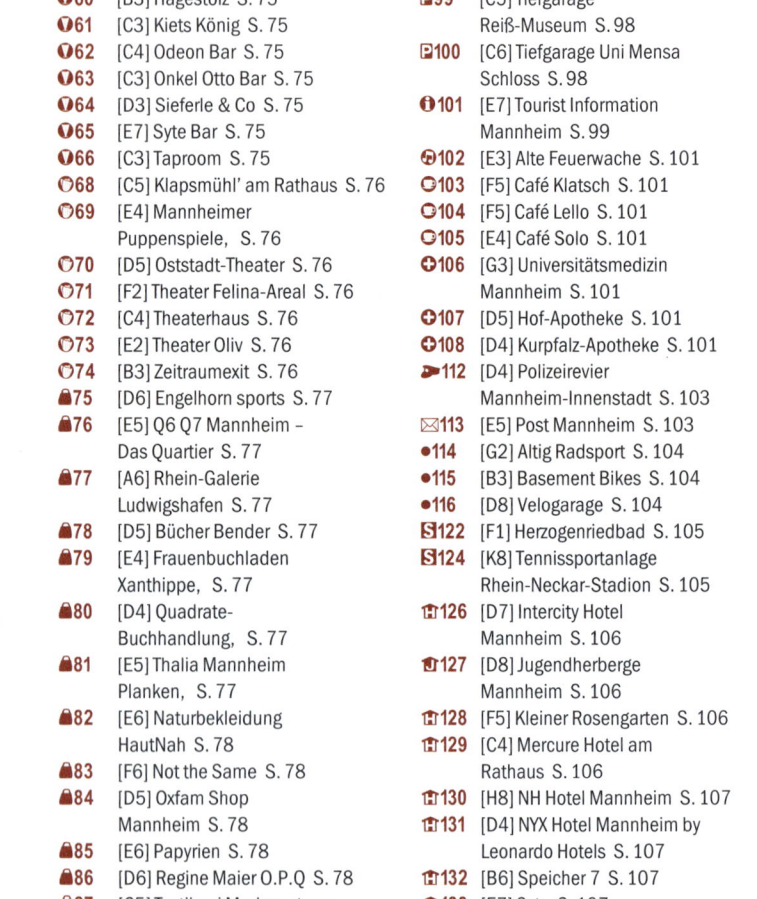

Zeichenerklärung

- ❶ Hauptsehenswürdigkeit
- ♉ Bar, Klub, Treffpunkt
- 📖 Bibliothek
- ⊙ Biergarten, Pub, Kneipe
- ◔ Café, Eiscafé
- 𝛢 Denkmal
- ≋ Freibad
- 𝖦 Galerie
- 🛆 Geschäft, Kaufhaus, Markt
- 🏠 Hotel, Unterkunft
- ≋ Hallenbad
- ⊙ Imbiss, Bistro
- ❶ Informationsstelle
- 🏠 Jugendherberge, Hostel
- ⇔ Kirche
- ⊕ Krankenhaus, Arzt, Apotheke
- ☪ Moschee
- 𝕸 Museum
- ⊘ Musikszene, Disco, Klub
- 🅿🅿 Parkplatz
- 🚓 ⚙ Polizei
- ✉ ☎ Post
- ⓌⓁ Restaurant
- • Sonstiges
- 🆂 Sport-/Spieleinrichtung
- ✡ Synagoge
- ◑ 🎭 Theater
- ♦ Turm
- ⊘ Vegetarische/Vegane Küche

- ◯ Straßenbahn-Halt
- ⬭ Shoppingareal
- ⬭ Gastro- und Nightlife-Areal
- ▬▬ Stadtspaziergang (s. S. 12)

Hier nicht aufgeführte Nummern liegen außerhalb der abgebildeten Karten. Ihre Lage kann aber wie die von allen Ortsmarken im Buch mithilfe der Web-App angezeigt werden (siehe rechts).

Mannheim mit PC, Smartphone & Co.

QR-Code auf dem Umschlag scannen oder **www.reise-know-how.de/citytrip/ mannheim22** eingeben und die **kostenlose Web-App** aufrufen (Internetverbindung zur Nutzung nötig)!

★ **Anzeige der Lage und Satellitenansicht aller** beschriebenen Sehenswürdigkeiten und weiterer Orte
★ **Routenführung** vom aktuellen Standort zum gewünschten Ziel
★ **Exakter Verlauf** des empfohlenen Stadtspaziergangs
★ **Updates** nach Redaktionsschluss

GPS-Daten zum Download
Die GPS-Daten aller Ortsmarken und des Spaziergangs können hier geladen werden: www.reise-know-how.de, dann das Buch aufrufen und zur Rubrik „Datenservice" scrollen.

Stadtplan für mobile Geräte
Um den Stadtplan auf Smartphones und Tablets zu nutzen, empfehlen wir die App „Avenza Maps" der Firma Avenza™. Über die Funktion „Store" kann die „Citymap Mannheim 2022" kostenlos geladen werden.

Die Web-App und der Zugriff auf diese über QR-Codes sind eine freiwillige, kostenlose Zusatzleistung des Verlages. Der Verlag behält sich vor, die Bereitstellung des Angebotes und die Möglichkeit der Nutzung zeitlich und inhaltlich zu beschränken. Der Verlag übernimmt keine Garantie für das Funktionieren der Seiten und keine Haftung für Schäden, die aus dem Gebrauch der Seiten resultieren. Es besteht ferner kein Anspruch auf eine unbefristete Bereitstellung der Seiten.

Liniennetzplan
Ludwigshafen/Mannheim

Gültig ab 3. Juni 2022

rnv — Mit gutem Gefühl unterwegs.

Umleitungen und Ersatzverkehre

Geplante Baumaßnahmen sowie kurzfristige betriebliche Abweichungen können Umleitungsfahrwege, Ersatzverkehre, geänderte Fahrzeiten und abweichende Haltestellenpositionen zur Folge haben. Bitte achten Sie daher stets auch auf aktuelle Informationen an den Haltestellen, im Internet auf www.rnv-online.de/verkehrsmeldungen sowie in der rnv-Smartphone App „Start.Info".

Richtung Worms – Mainz

Bobenheim

Frankenthal

460 461 — 462 463 — 464 Mörsch

Grünstadt

Frankenthal Hbf — 54 R S

Wormser Tor

Feierabendhaus

Schmiedgasse

466 Eppstein

467 LU Oggersheim

Deichstr.

Im Zinkig

Wolfsgrube

Frankenthal Süd — R S — 54

Altenheim

Hallenbad

Kugelfang

Anglerstr.

Edigheim Kirche

Bruderweg

Brüsseler Ring

Kranichstr.

Ostringplatz

Kurt-Schumacher-Str.

Rüdigerstr.

Dammbruchstr.

Oppau West — 85

Bgm.-Zorn-Platz

Kirchenstr. Stützelstr. Frankenstr.

Horst-Schork-Str.

Ludwigshafen

Georg-Heieck-Str.

Heinrich-Halfen-Str.

Notwende

Robert-Lauth-Str.

Heinz-Schifferdecker-Str.

Albert-Haueisen-Ring

Am Weidenschlag

Uferstr.

Rheinhorststr.

Im Schelmenherschel

Melm

Karl-Dillinger-Str. — 71

Freibad Willersinn

Riedsaumpark

Rosenwörthstr.

Notwende

Großpartheweiher

(saisonale Bedienung nur im Sommer)

Buschwegbrücke — 72 89

Oggersheim

Frankenthal Hbf 467

Oggersheim Bf — 72 S

70

Adolf-Kolping-Str.

Oggersheim Friedhof

Ruchheim

Wilhelm-Tell-Str.

Fieskostr.

Oggersheim — 4 4A

Erich-Kästner-Str.

Speyerer Str.

Hedwig-Laudien-Ring

Oderstr. — Westlich B9

Am Herrschaftsweiher

Am Hüttengraben

Berufsbildungszentrum

Am Sportplatz

Karlsbader Str.

Industriegebiet Am Römig — 72

Brunnenweg

Ruchheim Schloss

In den Neugärten

Paul-Münch-Str.

Maxdorf — 72

482 Freinsheim/Gerolsheim

484 Birkenheide

Maxdorf Süd

Fußgönheim

Ellerstadt Ost

Irisstr.

Ellerstadt West

Gönnheim

Nelkestr.

Maudach — 76 78

Friedelsheim

Riedstr.

Bad Dürkheim Ost

Ri. Freinsheim

Richtung Neustadt (Weinstr.)

Krappstr.

Bad Dürkheim Bf

453 Grünstadt — 485 Hardenburg — 4 4A 9 EX 9 EX R

487 Gustav-Kirchhoff-Str. (Gewerbegebiet)

480 Lindemannsruhe

Rudolf-Bart-Siedlung

Maudach

Nachtweide

Londoner Ring — 87

87

Pfingstweide Zentrum

Prager Str.

Budapester Str.

Edigheim Friedhof

Edigheim

Oppau Gemeindehaus

Oppau Friedhof

BASF Tor 12

Oppau (BASF Tor 12+13) — 7 8 EX Q 84

85 86 87 88 89

Oppau Süd (BASF Q 920)

Ammoniakstr. (BASF Tor 11)

Rottstückerweg (BASF Tor 5)

476 Kirchheimbolanden

Friesenheim

Friesenheim Ost

Eschenbachstr.

Rheinfeldstr. (BASF Tor 3)

Schopenhauerstr. (AWETA)

Hagellochstr.

10

Kreuzstr.

Friesenheim Mitte

Sternstr.

Schwalbenweg

BASF Tor (Tor 1+2)

Lagewiesenstr.

Ebertpark/ Fichtestr.

BASF Süd — 78 89

Hemshofstr.

Gartenstr.

Ebertpark — 88

Saarbrücker Str.

Feierabendhaus

71 74

Bexbacher Str.

Goerderplatz

Apostelkirche

LU Rathaus

Burbacher Str.

Ebertpark Süd

Heinrich-Ries-Halle

Friedenspark

Marienkirche

Völklinger Str.

Pettenkoferstr.

Pasadenaallee

Arbeitsamt

571 580 581

Froschlache — 72 S

Hollergärten

LU Hauptfriedhof

Rohrlachstr.

Kaiser-Wilhelm-Str.

Pfalzbau (W.-Hack-Museum)

Hans-Warsch-Platz — 88

Mannheimer Tor

Zum Guten Hirten (BG Unfallklinik)

Heinrich-Pesch-Haus

Bgm.-Kutterer-Str.

Schützenstr.

Valentin-Bauer-Siedlung

S DB R

Bliesstr.

Valentin-Bauer-Siedlung Süd

Wittelsbachplatz

Bayreuther Str.

LU Hauptbahnhof — 70

S1 · S2 · S3 · S4 · S6

Shellhaus

Strandbad Blies

Heuweg

Gartenstadt

Südwest-Stadion

Stifterstr.

Raschig

Böcklinstr.

LU Hochschule

BBS Franz-Zang-Str.

Achtmorgenstr.

Feuerwache

Mundenheim Friedhof

Mundenheim Nord

Mundenheim

Niederfeld

Damaschkestr.

Knappenwegstr.

Am Schwanen

Otto-Thiele-Platz

Abteistr.

Hochfeldstr.

Volkshaus

Mundenheim Bf — 90 S R

Wasserwerk

Ebereschenweg

Königstr.

Schillerschule

Kallstadter Str.

bacher Str.

Maudacher Str.

Hoheneckerstr.

Giulini

Leininger Str.

Marienkrankenhaus

571 Friedhofstr.

Maudacher Bruch

Brückweg

Kärntner Str.

Haßloch

Deidesheim

Ruppertsberg

581 Limburgerhof

6 6A 75

Maudach — 76 78

Maudach Ortseingang

Pommernstr.

Rheingönheim

Maudach Gemeindehaus

Am Sandloch

Rheingönheim Gemeindehaus

Schlesierstr.

Maudach Ortsmitte

S R

Rheingönheim Bf — S1 S2 S3 S4

Richtung Schifferstadt

Rhein-gönheim

Öllager

Ölhafen

Ölhafenstr.

Necki

Neckarspitze

Handelshaf

Hauptgüterbahn

Güter

Landgüter

Verlän

Handels

RHEIN